中華民族 AI 權力藍海

邱立本 著

www.cosmosbooks.com.hk

書　　名	中華民族AI權力藍海	
作　　者	邱立本	
責任編輯	杜　娟	
美術編輯	吳雪雁	
出　　版	天地圖書有限公司	
	香港黃竹坑道46號	
	新興工業大廈11樓（總寫字樓）	
	電話：2528 3671　傳真：2865 2609	
	香港灣仔莊士敦道30號地庫（門市部）	
	電話：2865 0708　傳真：2861 1541	
印　　刷	點創意（香港）有限公司	
	新界葵涌葵榮路40-44號任合興工業大廈3樓B室	
	電話：2614 5617　傳真：2614 5627	
發　　行	聯合新零售（香港）有限公司	
	香港新界荃灣德士古道220-248號荃灣工業中心16樓	
	電話：2150 2100　傳真：2407 3062	
出版日期	2024年7月／初版·香港	

序：中華民族·AI·權力藍海

　　中國的嫦娥六號登陸月球背面，揭開月球亙古以來的秘密，實現了美國迄今做不出來的人空探索，為人類文明作出巨大貢獻。廣受矚目的是，此次登陸技術用上了當前全球科技前沿的人工智能（AI）技術，在複雜與多變的地形中，作出精準與快速的計算，實現人類與月球背面第一次邂逅。這在科學史上的意義特別巨大，展示中國在科技創新和應用方面，處於全球先列，也在中國的發展路徑上，有重大的啟示和象徵意義。

　　這也是權力藍海的呼喚。在企業發展策略來說，過度競爭和劇烈的內捲，無法出現可持續的商業模式，這是廝殺到血流成河的「紅海」，但有些企業卻可以看穿這種局面沒有未來，開拓全新的賽道，豁然開朗，進入新的「藍海」，被視為勝利的「藍海戰略」。

　　中華民族當前的歷史機遇就是要迎向藍海。由於

美國和西方世界對中國的制裁、圍堵和壓制，中國奮勇迎戰，寸土不讓，但在「紅海」纏戰之際，也悄然開拓發展藍海策略，另闢蹊徑，別有洞天。這次登陸月球背面就是重要的範例，讓世人驚艷，發現這是美國從來無法觸及的空間，也對美國太空當局來說是當頭棒喝，了解美國在太空逾半個世紀的霸權，出現了第一道裂痕。美國人要面對靈魂拷問：在月球背面的探索，為何中國能、美國不能？

中國其實在地球的權力版圖中，進入了美國權力的背後。這次嫦娥六號探索，中國也聯繫歐陸國家如法國、意大利、瑞典，也有南亞國家如巴基斯坦等，廣結善緣，要將中國太空的成果與其他國家分享，而不是成為新的太空霸權。

中華民族的藍海策略還包括人類命運共同體的呼喚，要衝破意識形態和地緣政治短期利益，共同應對人類面對的挑戰，如全球暖化的氣候危機都不分國界，需要全人類的團結合作，才可以化解危局。

中國在企業發展上最有名的是「新三樣」——電動車、光伏太陽能、動力電池，都在全球取得領先地位。中國電動車的海外銷量在二零二三年全年創下超

過一百二十萬輛的紀錄，是歷史新高。儘管迄今中國電動車還沒進入美國，總統拜登已經急不及待地宣布徵收百分之百關稅，但只是自我打臉他過去反對特朗普對華貨品徵收關稅的政策，暴露美國多年來所強調的自由貿易只是神話，雙標的偽善暴露無遺。

中國的光伏太陽能是綠色經濟先鋒，落實北京強調「綠水青山就是金山銀山」的理念。中國在西北沙漠地帶大量布建太陽能板，也在江南等地的魚塘之上建光伏設備，善用大自然的能源，一舉數得，都是中國國家競爭力的表徵，也是中國在藍海中的綠色亮點，讓天空和海洋更藍，讓樹木和草原更綠，成就中國是全球綠色經濟先鋒的夢想。

中國的動力電池也是綠色經濟支柱，改寫了汽車業的路向，讓中國在這個最能代表工業化水平的行業，換道超車，成為全球汽車業新龍頭，尤其在智能控制，人工智能的應用方面都冠絕全球。福建的寧德時代、深圳的比亞迪都是佼佼者，產量佔全球的五成左右。

人工智能也在中國出現突破。短視頻媒體快手最新公布，推出最新的 AI 生成式的視頻，名為「可靈」，

不僅對標較早前西方的「Sora」，還有一些後發制人的特色。

事實上，全球人工智能專利和論文發布上，中國已超越美國。無論是論文的數量和質量，中國都處於領先的地位。

中國在全球權力藍海中，還有一個重要的助推力，就是全球南方的崛起，從東盟到非洲和拉丁美洲，有越來越多的國家與中國建立密切的經貿關係，也都艷羨中國發展模式，亟願借助中國的東風，在藍海中遨遊。中國和印尼建設的雅加達萬隆高鐵，成為東南亞最新的亮麗名片，也刺激大馬和新加坡興建隆新高鐵的決心，並為未來的泛亞鐵路網作出鋪墊。中國在非洲為埃及建設新首都，在歐洲建設塞爾維亞、匈牙利鐵路，也分別為克羅地亞和挪威建設跨海大橋。這都是美國做不到而中國最擅長的，也為中華民族在全球權力藍海中馳騁，作出最佳的心理基建。

心理基建也就是軟實力。長期以來，這是中國的軟肋。西方主流媒體的論述都是在妖魔化中國，形容這是人間地獄，沒有自由與人權。但由於中國越來越開放，也對歐陸和東南亞國家免簽，很多遊客的親身

體驗，都和他們在西方媒體說看到的報道截然相反，落差巨大。尤其是中國的治安，大城市午夜的街頭都非常安全，與美歐普遍治安不靖的形勢比較，對比強烈。這都是中華民族一種後發的優勢，在美國社會管治日益敗壞之際，中國反而成為不少西方人不能俯視的國度，而是要正視在權力藍海中脫穎而出的中華民族。

目錄

兩岸三地風雲

人性的心海

全球地緣變局

中華民族迎向權力藍海

　　這是中華民族約十五億人的最新傳奇，也是世界史上第一次如此龐大的群體，正在走向現代化最前沿，迸發越來越多的創新，向全球輻射，改變很多人的生活方式。

　　中華民族涵蓋了漢滿蒙回藏等五十六個民族，也延伸到神州大地之外，包括全球華人，這不再只是用法律概念上的定義，而是以文化認同為標準，超越了血統和國籍的限制。中華民族的成員往往擁有不同國家的護照，但他們都擁有一本「中華文化護照」，蓋上了心靈的簽證。

　　十五億人的算法，就是將中國大陸約十四億一千萬人口，再加上台灣的兩千三百多萬人、香港澳門地區八百萬人、美洲地區約七百萬人，東南亞地區約三千萬人，以及全球各地的炎黃子孫。

　　面對當前中美地緣政治摩擦日趨尖銳之際，中華民族的發展路徑是走進權力的藍海，不糾纏於現實政治的爾虞我詐，而是聚焦於自己本身的發展，要不斷

提升自己的競爭力，也在創意上推陳出新，從 AI 高新科技的發展到制度的變革，都探索新的路徑，避免被昔日的習慣所左右。

這也是中華民族的最新智慧，發現最大的對手其實是自己，如何來完善自己的系統，上升到更高的維度，就像喬布斯當年製造 iPhone 時就訂立一個高標準，有更多的功能，將對手拋離，也好像 NBA 球員史提芬‧庫里，他自我發展的三分球神技，在服役的十五年間，共投進三千七百四十七球，遙遙領先第二名和第三名。

中華民族的概念，也化解了台海兩岸的心結，破解了台獨分裂勢力的論述。儘管綠營強調兩岸的政治體制「互不隸屬」，但卻無法反駁兩岸人民都是中華民族的一員，都擁有共同的文化認同和歷史遺產，如今兩岸分治的局面乃是國共內戰的延伸，中華民族的論述化解政權之間的矛盾。政治是一時的，文化是永遠的。最近台灣幾十位藝人公開發聲，認同自己是中國人，挺統反獨，顯示文化的力量可以成為政治的橋樑，連接民間的感情，凝聚更多的正能量，遠離戰爭的危險。

十五億人的文化認同，涵蓋哲學上的深度思考與

實踐，重視圓融與和諧，不追求極端，擁抱多元化和包涵，家族凝聚力，和平共生，這體現在飲食上承傳中華八大菜系，舌尖上多姿多彩，加上地域的變奏，如在馬來半島的「娘惹」菜譜、新疆的酸奶等。生活方式也展現了幾千年傳承，如春節、清明、重陽的春秋二祭、端午節、中秋節、冬至等習俗，都是最有中華民族特色，也最能在全球多元文化的光譜中，展示獨特的風格。

中華民族的變貌，在於神州大地的主體──中國大陸，在二零二四年正展現前所未有的發展動力，不僅GDP的總量躍升到歷史的新高，佔全球GDP的兩成，還躍升為全球最大的工業國，擁有不同行業的全產業鏈，也是全球一百四十多個國家和地區主要的貿易夥伴，中國也躍升為全球新海權強國，擁有最大的造船能力和最多噸位的船隻，也是最多自動化碼頭的國家。中國也在過去二十年間，成為基建狂魔，建造了全球最大的高鐵網、全球最大高速公路網，全球最大的隧道網和橋樑網。

這也是中華傳統文化最普及的時刻。新中國歷經政治運動狂飆的年代，曾經是中華傳統文化的荒原。

但歷經改革開放和思想的鬆綁，北京不再以馬列史觀來機械式解釋傳統文化，而強調要以創造性的轉化。如今中華傳統文化力量正以雷霆萬鈞之勢回歸，進入千家萬戶。在電視綜藝節目，如《中華好詩詞》、《典籍裏的中國》等都大受歡迎。這也彌補了台灣綠營政府近年「去中國化」的缺陷，讓中華民族更多新一代不再出現文化記憶的斷層，不會忘記唐詩宋詞，不會失去諸子百家的智慧。

當然，中華民族也在制度創新上展現新猷，強調「賢能政治」（Meritocracy），從中國大陸到新加坡都曾被西方攻擊是「威權政治」，欠缺民主，但實踐上卻恰恰避免了當前西方國家陷入「選舉民主」(Electoral Democracy)弊端的禍害，不會被短期利益和金權政治所誤導，而是可以長期規劃、實事求是，以全民為福祉，減少城鄉差距和貧富懸殊，讓中產階級上升，與美國中產階級萎縮成為強烈對比，也不會出現美國墮進槍禍、毒禍和無家可歸者泛濫等「三大害」漩渦的悲劇。中華民族以文化認同的柔情化解政治認同撕裂的暴戾；以共同的文化遺產，喚醒未來互惠的願景。這都因為創新力量帶來的靈感，也帶來強大的底氣。

五千年的中華文化，造就了全球唯一從未斷絕的政治實體，也在二十一世紀初葉，開拓了一個新氣場，與全球華人社會結合，迎來中華民族的復興。

迷途雄鷹對決變形金剛

　　如果說美國是一隻雄鷹，那麼現在卻陷入迷途的雲層中，方寸大亂，看似兇猛，其實在損害自己的利益，背後因為選舉政治短期主義操作，政客用民粹的方式來矇騙選民，但卻無法解決自己最根本問題，甚至是背叛理想，如環保價值和基本人權的保證，處處都是雙標，逐漸在國際舞台上失去了道德高地，整個國家都在內耗，無法解決毒禍、槍禍和無家可歸者大增的「美國三大害」，迷失在社交媒體自欺欺人的「信息繭房」中。

　　拜登政府對中國的「新三樣」產品：電動車、太陽能光伏產品和動力電池，其中的電動車更提高百分之百關稅，引來國內外一片笑聲，因為迄今中國還沒有電動車輸往美國，在動力電池方面，中國產量佔全球七成九，而光伏產能更佔全球約九成。美國加關稅肯定會使成本轉嫁給美國消費者，推高通貨膨脹。國際貨幣基金組織（IMF）發言人指出，美國應該維持開放貿易政策，否則只會對全球經濟復甦帶來負面的影響。

拜登政府在當前總統大選中，面臨最艱難時刻，民調落後於特朗普，他使出大招，將中國視為最大的假想敵，虛張聲勢，矇騙選民。白宮強調中國對電動車作出巨大補貼，説這是「欺騙」，但旋遭美國媒體打臉，指出美國對電動車的補貼是中國的好幾倍，而中國如今已經停止補貼。

　　拜登當前最大國際危機還在烏克蘭和加沙的兩場戰爭，估計都無法在十一月大選之前結束，使得他要背負「戰爭總統」的名義。特朗普表示，上任的第一天就可以結束烏克蘭戰爭，而當前烏克蘭節節敗退，最後即便停火，但烏東四州被割讓難以避免，這將使美國的國際聲望嚴重受損，賠了夫人又折兵，成為一場夢魘。

　　另一場美國的夢魘是加沙之戰，以色列在加沙濫殺無辜，三萬五千名平民死亡，拜登政府助紂為虐，還輸出幾百億美元的軍事援助，導致美國校園的反對加沙屠殺的學潮，如野火燒不盡，春風吹又生。軍警強力鎮壓，連校園靜坐示威都不容許，違反美國言論自由的權利，和當年美國在香港黑暴事件中的立場自打嘴巴，是徹底的雙標，使得美國失去了國際舞台的

道德制高點。

　　反觀中國在美國的強大制裁下，卻像變形金剛（Transformer），優化產業鏈，加速芯片和被卡脖子的商品「自力更生」，實現工業鏈條的國產化，一躍而成為全球最大的工業國，開拓歐洲和全球南方市場，不再仰賴美國市場，同時也加強開放，對歐陸國家全面開放免簽，也對更多東南亞國家免簽，讓全球更多民眾可以親自目睹中國最新變革的成就，坐上四通八達的高鐵，暢遊神州大地，體會普通中國人的生活，與西方主流媒體的扭曲報道大相徑庭，改變了中國的國際形象。

　　歐洲企業用腳投票，加大對華投資，因為美國能源價格高漲，工潮問題糾結，反而中國是全球最佳的投資對象，德國企業是這方面先鋒，大眾車企擴大在華投資、巴斯夫化工集團在廣東湛江投資進入新一期工程，共投資一百億歐元，反映資本家嗅覺最靈敏。

　　中國在經濟上發揮國企和民企的力量，成為雙引擎經濟效應，國企負責「公共品」的建設，如全國如火如荼的基建狂潮，背後就是擁有每年訓練幾百萬的理工科畢業生，擁有全球最大的工程師隊伍，殫精竭

慮，建立全球最大的高鐵、高速公路、鄉村公路、隧道、橋樑、造船業，加上航天發展、北斗衛星訊號、電力系統、通訊設備、自動化碼頭、人工智能農業等都讓世人驚艷，激活整個經濟的格局，而民企則在電動車、太陽能、動力電池、手機、網購、網約車、餐飲集團、商場建設、中小企業的全面數字化轉型，都提升了國家的競爭力。

中國作為變形金剛的底氣，就是一股「全民終身學習」的動力，不懼任何橫逆，都要找到對應的方法，也重視基本功，各種「知識搬運工」平台，如「得到」、「喜馬拉雅視頻」等都有海量的訂閱用戶，顯示很多民眾在提升「個人競爭力」，因為他們都相信：「知識改變命運，學習成就未來。」

當前國際局勢是迷途雄鷹與變形金剛的對決。力量兇猛的雄鷹被選舉政治的民粹誤導，被社交媒體的信息繭房所限，嚴重內耗，政治極端化，而中國則在美國的制裁高壓下，如變形金剛，不斷變招，具有高度的憂患意識，全民終身學習，企業出海，國企與民企發揮雙引擎效應，國家競爭力上升。

雄鷹與金剛之爭，前者迷途，後者變形，演繹兩

種制度與文化在時代挑戰中的最新對應。從人民的觀點看，這不應該是一場零和遊戲，而是彼此成就的雙贏局面。因為和平競爭是最高綱領，追求更高生活品質，免於恐懼的自由，是中美兩國人民的最大公約數。

中新模式衝擊美英模式

　　全球政治發展出現最新逆轉，中國和新加坡的發展模式強調賢能政治（Meritocracy），選拔最優秀的人才治理國家，落實良政善治，而美國和英國倚仗選舉政治，在社交媒體的群體極端化過程中，陷入了民粹的撕裂，社會治理倒退。兩種模式的對比強烈。

　　美國今年由兩位年邁古稀的政客爭奪權力寶座，無論誰勝誰負，都難以凝聚內部民意，而過去長期被西方政界奚落與酷評的新加坡和中國卻建立一個內部選拔的機制，產生最好的人選來領導，使得社會繁榮穩定，創新能力強大，造福人民。中國過去十年間全面建成小康社會，建立全球最大的高鐵和高速公路系統、最大的橋樑與隧道系統。北京車展性能高超的中國品牌讓國際驚艷。新加坡最近權力換班，李顯龍交棒給寒門子弟出身的基層精英黃循財，不僅經濟繁榮，社會穩定，人均 GDP 更高逾八萬，勝過前殖民宗主國英國的四萬多美元。

　　中新模式強烈衝擊美英模式，展示世界發展的新

維度，不再被昔日政治程序所束縛，而要看最後結果，要用 KPI 的績效管理，看人民生活福祉，發現在哪一種政治模式下生活的民眾更有幸福感。

從民眾「體感」來看，中國和新加坡都帶給民眾安全感，不會被治安不靖常態化威脅人身安全。紐約與倫敦每年的兇殺案嚇人，而街頭搶劫手機成為警察不太受理的治安事件。但中國和新加坡，晚上走在街上都不會有任何問題，也不會被搶手機，但美國和英國大城市，這都是奢侈的要求。

美國和英國被視為老牌民主國家，但近年卻由於社交媒體的興起，造成了很多的同溫層和信息繭，形成了群體極端化，內部嚴重撕裂，失去了民主社會的共識，一切都是短期主義的操作，經濟也向金融投機傾斜形成股市的極度活躍，華爾街空前的繁榮，但卻無法將財富外溢，反而形成中產階級萎縮。尤其美國高度「去工業化」，導致藍領工人群體受壓，社會的怨恨越來越多。

美國當前的三大害第一位是「毒禍」橫行。二零二三年，美國死於毒品濫用逾十一萬人，觸目驚心，死者大部分都是吸用比海洛英強五十倍的芬太尼，在

費城的肯辛頓大道，可以看到如行屍走肉的癮君子，由於吸毒導致膀胱受損，大小便失禁，一邊走一邊難以自控，疴傻的身影成為美國的尷尬形象。美國第二害是「槍禍」，無差別槍擊殺人事件泛濫，二零二三年共有四萬多人死亡，背後是美國槍枝失控以及精神病患太多，亂槍殺人事件越演越烈。美國第三大禍亂是無家可歸者上升到歷史最高峰，超過六十五萬人，在舊金山、洛杉磯等市中心，觸目皆是流浪漢的帳篷，滿坑滿谷，往往是犯罪的溫床。

這都是美國管治崩壞的危機，背後是選舉政治在社交媒體的發酵下，走上極端化，共和黨的右翼強調美國第一，反對墮胎，代表白人利益、爭取富豪的特權；民主黨左翼支持跨性別權利，不惜動用政府資源為未成年人士動變性手術，父母反對要負上刑事責任，所謂「進步司法派」鼓吹的「零元購」，即偷盜一定數額以下價值的物品皆是輕罪，檢方可以不予起訴。左右派各走極端，造成社會高度內耗。共和黨與民主黨的年輕人，甚至彼此之間無法約會。當代美國社會成為自南北內戰以來最分裂的時刻，甚至預測最終會爆發第二次內戰。美國電影《帝國浩劫》（*Civil War*）

就以此為主題，拍出美國新內戰的殘酷與荒謬，德州與加州宣布獨立，連同其他十七個州與華盛頓決裂，引起很多美國人的共鳴，認為這有警示作用，因為最強大的堡壘就是從內部攻破。

美國和英國的選舉政治在社交媒體時代陷入浩劫，無法如過去的主流媒體佔優勢的年代，由「守門人」來篩選海量資訊，避免虛假信息，但如今「人人都是記者」，進入「後真相時代」，只問立場，不問真實，假新聞滿天飛，如特朗普說漂白劑可以治療新冠疫情，真有民眾相信喝了漂白劑治病，結果一命嗚呼，成為最致命的笑話。

美國和英國當局迄今還是夜郎自大，習慣性地對新加坡和中國指手畫腳，盛氣凌人，但民眾越來越發現，中新兩國的生活品質普遍超過美英，勝過一籌，尤其在安全度來說，都是天淵之別。西方的學界開始敏銳地發現，英美的霸權不能持續，因為內耗嚴重，「去工業化」難以逆轉，光靠金融投機與股市的繁榮，無法持續發展，國力逐漸被猛印鈔票的量化寬鬆掏空，形成了制度的危機。

這都是二十一世紀的大趨勢，但也可能導致美國

在危機中尋找戰爭來作為解決方案，因而中國要有戰略定力，避免陷入戰火，堅持和平的智慧，爭取在和平中崛起，拒絕在戰爭中淪落。

變形金剛中國逆襲驚奇

　　中國的發展如一個變形金剛，不僅面對西方制裁時變招拆招，還不斷提升自己的體質，早就超越西方主流媒體的傲慢與偏見。北京兩會展示中國正在因時因地制宜，在科技和組織管理上創新，匯合民營企業與舉國體制，發揮巨大的經濟上升空間。

　　中國的變形金剛模式，就是面對各種挑戰，變形變陣。北京兩會強調「新質生產力」，就是將國家競爭力提升到新的檔次，超越勞動密集的貨品，而是邁進人工智能、6G 等創新前沿，在更高的維度上爭取「降維打擊」。

　　這也牽涉到越來越敏感的軍事領域，中國「新質戰鬥力」也在武器、組織和人員的構成上，更上層樓，上升到新的層次，超越當前的軍事水平，可以在更高的維度上「一覽眾山小」。

　　中國在前沿科技的發展，平均來說與美國是棋逢對手，在量子科技和 6G 上處於領先地位，但在腦機結合和人工智能上，緊追美國，中國強調創新的新認識，

就是要回歸基本功，重視源頭創新，開發「新製造」。

「新製造」就是高度的數字化，從源頭的科學發展開始，推動新的製造技術和新的生產工具，締造新的製造方式，注入新的生產要素、打造新產品和新用途。

這也是中國當前要戮力開拓的新局面。面對美國的科技戰和貿易戰，中國還是堅持改革開放，但現在反而面對美國的「新鎖國」，要對中國汽車進口加以限制。美國商務部長雷蒙多說如果美國公路上出現三百萬輛的中國電動車，北京有能力讓它們同時熄火。這當然是危言聳聽，對中國產品加以妖魔化。中國外交部發言人毛寧反駁說，照這個邏輯，在中國數以千萬計的美國 iPhone 也會把中國用戶的信息傳回美國？也可以讓這些手機同時黑屏？

變形金剛中國面對美國不理性的制衡，兩條腿走路，堅持吸引美國跨國企業，不僅是高新科技，也包括服務業，讓它們分享中國巨大市場紅利，如美國山姆會員店、開市客（Costco），最近在大灣區大展拳腳，吸引很多香港人，而美國的星巴克咖啡和麥當勞連鎖店，也都在中國擴大投資，進入「下沉市場」，包括

三四線城市，透露美國企業集團對中國的樂觀判斷，要分享巨大的市場利潤。

中國其實在推動新一波的汽車與家電的換購潮，刺激內需，從城市到農村都要迭代更新，城市的老舊小區和農村的破敗房舍都要趁此煥然一新。中國國產的電器產品性價比最高，如今在中央推動迭代政策支持下，擴大了市場的容量，開拓十四億人的「新需要」，創造一個龐大內循環，不僅讓中國產業升級，也讓老百姓生活品質升級，一舉兩得。

中國在二零二四年的發展特色就是物價穩定，普遍比其他國家和地區低，被西方媒體譏笑為通縮。但在經濟實踐上反而形成內外的優勢，既可以在內部避免通貨膨脹的壓力，又可以「出海」發展，具有強大的價格優勢。拼多多國際版 Temu、快速時尚品牌希音 Shein 在西方風靡一時，背後就是價廉物美的高性價比，壓倒西方巨頭 Zara、H&M 等。

中國汽車產業在二零二三年躍升為世界第一，年產量約三千萬輛，而出口量也是高約五百萬輛，首次壓倒日本。新春之後，中國汽車業為了呼應北京的更新換代政策，也掀起降價潮，比亞迪的「秦」折扣後

是七萬九千多元，吸引了大量的中產階級和中下階層。其他品牌如五菱宏光也推出幾型「低價高配」汽車，形成汽車行業競爭激烈局面，被視為「內捲」現象。但恰恰是內捲，使國內的消費者得益，也使中國企業「出海」更有強大的競爭力，可以在國際市場上所向披靡。

即便西方國家千方百計阻擋中國汽車，但也會憂慮中國對等報復。當前全球所有車企都在中國插旗，從美國特斯拉、福特、通用到日本豐田、本田、韓國的現代等，在中國擁有龐大市場，也設有工廠，若打起貿易戰會對西方和日韓不利。

中國變形金剛招數，早就將汽車業發展瞄準第三世界。從東南亞到中東到非洲都是中國的新賽道，性價比高的中國車，無論是電車還是油車都有龐大產能，進軍全球市場。

這都是中國在西方制裁下的逆襲驚奇，善用創新的突破，推動結構性轉型，更上層樓，進入更高的維度，降維打擊，衝破美國的卡脖子招數，內外兼修，開拓新的藍海。

長期主義對決短期主義

中美之爭誰勝誰敗？從大歷史來看，背後是中國長期主義對決美國短期主義的格局，最後的結果是兩種發展模式較量，誰可以凝聚更多的創新力量，才可以主導國際遊戲規則，誰可以在內部取得更多支持度，才享有更多的「正當性」。

何謂長期主義？何謂短期主義？為何中國是長期主義，而美國是短期主義？這都是政治發展的結果，也是各自政治制度和路線的歷史抉擇。長期主義的精髓在於長期的考量和周詳的計劃，一步一腳印，有通盤的考慮，不在於一域之變，而在於全局的布局。短期主義則是用招迅猛，要直搗黃龍，掠奪一城一池，爭取將對手打得頭崩血流。

如果用下棋來比喻，中國的長期主義是在下圍棋，要全面布局，不是看局部的輸贏與纏鬥，要看最後的結果。美國的短期主義作風則是下國際象棋，要攻勢猛烈，咄咄逼人，要爭取盡快分出勝負。

中國在國際外交和內政建設上都有長期主義的身

影。中國高鐵、地鐵、橋樑等建設在過去十年間後發制人，超越了美國。這都是長期主義特色，因為從短期利益看，這些基建是蝕本貨，都在虧錢，但中國人認為「路通就是財通」，基建的積累會產生連鎖效應和化學效應，帶動很多產業升級，提升整個國家的競爭力。但美國在當前政治格局下，發展高鐵，大力推動基建都是「不可能的任務」，因為內部政治沒有共識，對創造「公共品」沒有任何興趣，受制於當前美國三大害：槍禍、毒禍和無家可歸之禍，焦頭爛額。

但美國曾是長期主義信徒，三四十年代的總統法蘭克・羅斯福推動「新政」（New Deal），建設田納西州水壩，建立社會安全法案；艾森豪總統五十年代大力興建跨州高速公路，投下血本，也是短期不賺錢，卻在長期發展中帶來各種有形與無形的效益。

如今美國內部政治被意識形態綁架，缺乏兩黨共識，導致任何長遠計劃都寸步難行。即便曾成功的太空探索，現在聯邦政府退位，改由私人企業馬斯克推動的星艦計劃取代。

當然，美國選舉政治也導致短期利益的考慮，總統任期最多八年，要投入長期主義的基建和各種長期

計劃，時間不夠，如奧巴馬推動全國公共醫療，虎頭蛇尾，最後夭折，他簽訂的氣候協議，下台後被特朗普推翻，變成國際笑柄。

中國恰恰具有制度的優勢，擁有永續經營的願景，從基建到環保，從網絡建設到鄉村振興，在政策上有更長遠的、更詳盡的計劃，一步一腳印，推動強人的創新能力，瞄準標竿前行，久久為功，具有滴水穿石的功效。

但美國則受制於短期主義的局限性，無法做出長遠的內政和外交上的設計，不僅追求短期的目標，還內部出現很多矛盾，結果內耗嚴重，終至國家競爭力的下滑。

美國陷入短期主義的魔咒，折射政治制度的惡化，兩黨政治失去了共識，變成價值兩極化，議會惡鬥，最近眾議院議長被罷免與難產就是一例，更不要說二零二一年一月六日國會山莊暴動事件，等同一場政變，破壞美國憲法，撕裂全國的民眾，也成為美國政壇一道難以撫平的傷痕。

美國對華外交上，也暴露了短期主義的短板。由於要煽動民粹吸納選票，兩黨不約而同地妖魔化中國，

成為選戰時的靶子，但美國的實際利益又不能和中國脫鉤，而在國際的合縱連橫的棋盤上，往往需要中國的力量來做籌碼，無論是烏戰還是以巴衝突，中國都可以扮演微妙的魯仲連角色，但美國對中國的高壓姿態，處處要對華卡脖子，然而整個產業鏈卻需要中國，死要面子活受罪，反而逼使中國加速創新，在芯片和高新科技的領域打破美國的壟斷。

美國的短期主義短視，已經帶來立即的禍害。內政方面，最新顯示，美國人口的死亡率在上升，主要是底層和吸毒人口與槍擊事件飆升，使平均壽命下跌。外交方面，美國短期主義的操作也使得國際上的朋友越來越少，失道寡助。中國的一帶一路十週年論壇共有一百五十個國家及地區參加（全球共有一百九十個國家），得道多助，壓倒美國主導的二十國高峰會和美國牽頭的任何組織。這使西方智庫開始警惕，美國在國際上的影響力正在流失，尤其烏戰後美國在「Swift」系統趕走俄羅斯，違反金融界大忌，也迫使中國和其他國家朝向「去美元化」方向發展。美國只顧及短期的效益，「因短失長」，也等於「因小失大」，撿了芝麻，丟了西瓜。中美的長短之爭，既是歷史的偶然，也是制度發展的必然。

變形金剛供應鏈改變中美

美國對中國商品的制裁並沒有改變中國的商品輸往全球的勢頭，反而以新的方式和路徑進入美國，讓美國的消費者更依賴中國，使得中國的產能和技術不斷的突破。這改變了中美博弈的未來，也使得美國越來越依賴中國，對中美的地緣政治鬥爭帶來衝擊。

從大歷史的角度來看，美國從特朗普到拜登對中國經濟崛起的重重制裁和圍堵，意外地帶來了中國強大的創新動力，打造了一種「變形金剛供應鏈」（Transformer Supply Chain），以不斷變形的身影，塑造更有競爭力的供應鏈，讓美國不但制裁失效，反而更依賴中國，也讓中國的經濟更有韌性與活力，以新的「變形」茁壯強大，加速創新，不僅是彎道超車，更可以換道超車。

儘管美國過去兩年間要脫離中國經濟上的影響力，要擺脫「紅色供應鏈」，強調這是「脫風險」（De-risking），推動友岸供應鏈（Friendly Shore Supply Chain），但市場經濟的現實就是，哪裏有利潤，哪裏

就有生意。美國要求供應鏈離開中國，積極開發越南、泰國、馬來西亞、印尼、墨西哥等地的供應鏈，但卻沒想到在東南亞和拉丁美洲聳立的新工廠背後都是中國的資金、技術和原料。

這些新形的產業鏈帶來東南亞新的繁榮，名為美國的友岸，其實是美國當局「隱蔽的敵人」中國，但這是經濟規律所決定，不是政治權力所能左右。美國在物價飆升的通貨膨脹下，發現中國變形金剛供應鏈提供價廉物美的商品給美國消費者，不亦樂乎，雖然是自欺欺人，但消費者是選民，不能得罪，政客只要矇騙民眾買的商品來自墨西哥和東南亞，就可以獲得選票，不管背後是被變形金剛的掩眼法所誤導。

變形金剛供應鏈的另一個身影，是中國新電商 Shein 和 Temu 的超級能力，突破美國高達百分之二十五的關稅，甚至特朗普最近所說的要提升到百分之六十。中國新電商都在鑽美國貿易上的法律縫隙，只要商品的價格不超過八百美元海關就不必課稅。這使得很多商品可以突破局限，長驅直入美國。Shein 的時尚服裝已經壓倒西方時裝的龍頭大佬 Zara，上升為美國 App 下載的前列，成為美國青春少女的最愛，而 Temu

則已經壓倒美國電商亞馬遜成為美國最厲害的電商，將它的母公司拼多多的優惠玩法和獨特算法，在美國複製，大受歡迎，不僅在美國的下沉市場通吃，還讓越來越窮的美國中產階級，找到減輕生活負擔的恩物。

美國的制裁也刺激中國的企業加速出海的速度，尤其是中國的餐飲業在內部競爭激烈、「內捲」嚴重的情況下都紛紛出海，尋找企業發展的「藍海」。如中國的「蜜雪冰城」，已在中國以外開了約四千家加盟店，涵蓋印尼、越南、新加坡、馬來西亞等地，善用數字化管理能力，將一家看似普通的飲料店，打造成數字化的產業，既保障了品質，又保持高度的競爭力。事實上，中國的餐飲集團都密集出海，如「海底撈」不僅是火鍋店，還以無微不至和創意的服務，打造獨特的品牌效應。湖南土菜特色的「農耕記」以香辣美食作招徠，也出海到境外。這使得中國的傳統佳餚以現代化的數字化處理供應鏈的方式，延伸到全球，並且瞄準上市的金融效應，以資本的槓桿作用發揮企業的優勢。

變形金剛中國最讓全球驚艷的還是抖音國際版TikTok，以獨家的算法，風靡歐美和東南亞，成為

信息傳播與互動最重要的青春平台，美國的訂戶超過一億五千萬人，約美國人口的一半，而其中不少是新生代。儘管美國當局一直要驅逐這家在新加坡註冊、其實是中國企業的社交平台，但公權力都不敢輕舉妄動，害怕因此得罪年輕人，失去關鍵的選票。總統拜登的競選團隊已經宣布在 TikTok 開設帳戶，發放視頻，進入了選戰狀態，顯示拜登政府要爭取新一代的努力，而 TikTok 是選戰不可或缺的利器。

東南亞也是 TikTok 的地盤，從大馬到印尼的選舉都是以此主戰場，是兵家必爭之地，這都顯示中國的數字化力量，佔據了軟實力的制高點。

中國的變形金剛產業鏈和數字化的突破，都緣於內部的激烈競爭與外部的高壓，在龐大的危機意識中，迸發新的創意和對策，發揮民間中華的靈活性，但又有舉國體制的規模效應，全國一盤棋，在交通基建上佔有先機，也在數字化基建上作出鋪墊，擁有全球最龐大的網民群體，善用全球規模最大的 APP 應用系統，落實產業數字化和數字產業化。即便面對西方吹來的狂風暴雨，中國人像變形金剛那樣，巧妙應對美國挑戰，改變了中美博弈的底色，也改變了中美發展的未來。

中國經濟雙引擎效應席捲全球

中國經濟發展模式成為全球的謎團，為何在過去十年間出現質的變化，進入讓美國和西方世界都驚懼的領域，不僅在全球「財富五百」中凌駕美國企業，並且在一些長期由西方企業壟斷與領先的行業，中國也超越前進。

電動車比亞迪挑戰特斯拉，TikTok 挑戰臉書，拼多多國際版 Temu 挑戰亞馬遜，而中國更被視為「基建狂魔」，在十五年間建成全球最大的高鐵系統和高速公路系統、最大的隧道和橋樑系統，交通四通八達，早就實現國父孫中山《建國方略》的宏偉鴻圖，更超越了歐美發達國家。

中國經濟奇蹟的背後，是國企與民企的雙引擎效應。國企如中交建、中鐵建、中國中車等提供「公共品」，高鐵、高速公路和電力等基建領先全球，為經濟發展建立了堅實的基礎，而民企則是在市場機制的激烈競爭下，勇於創新，不僅在國內百花齊放，也在國際上脫穎而出。

國企和民企的分工，在於國企可以有更多長期主義的策劃，不受短期盈虧的限制，而民企則是一般更為靈活，可以迅速變陣，在市場的殘酷博弈中，擅於「嘗試錯誤」，推動更多的突破。

　　但無論是國企和民企，都是創新的高手。中國的高鐵在二十年前草創階段，全球都在好奇，中國究竟是採取法國系統、德國系統、還是日本系統？當時這三家都競爭各顯神通，但最後中國吸取了這三個系統的優點，融匯貫通，發展了自己的一套系統，還建立了獨家的專利，可以輸出全球。今天中國高鐵出海到全世界，不僅有最高的「性價比」，還有最高品質的系統和軟件配套，開拓隧道的盾構機，獨家創新，讓中國的高鐵成為一張名片，從今天的雅萬高鐵到未來的泛亞高鐵，都閃耀中國創新力量的光芒。

　　中國經濟發展也都是「互聯網＋」的先鋒，將整個產業鏈加以數字化轉型。中國民企拼多多的國際版 Temu 和快速時尚希音 Shein，可以在國際市場上力克 Zara 和 H&M 等強敵，靠數字化的產業鏈，將在廣東、福建、浙江一帶的小作坊工廠，加以數字化轉型，精準控制產量，快速回應市場的變化，避免臃腫

的庫存，晉身國際電商的前列。TikTok 以獨家的算法（Algorithm），具有強大的黏性，讓美國一億七千萬人成為活躍用戶，超過美國人口的一半，與 Temu 和 Shein 成為美國 App 最受歡迎的前三名，展現中國民企的威力。

即便看似沒有技術含量的一些民企，也暗藏「互聯網＋」的力量，如蜜雪冰城，是性價比高的冰飲，但卻善用產業鏈數字化的力量，提升競爭力，出海到東南亞，在全球擁有三萬六千多家門店，緊追星巴克，在印尼、越南等地都廣受歡迎。中國的經濟雙引擎，勢將推動全球經濟進入更亮麗的天空。

中產階級對比與中美博弈

外交是內政的延長，內政是外交的基礎。中美在龍年激烈競爭的未來，必須看兩國中產階級的消長。中國的中產階級正在快速上升，而美國則出現萎縮，背後就是國家競爭力的對比。這是一場歷史性對壘，中產階級作為一個重要指標，顯示了社會最重要階層的喜怒哀樂，也決定了國家的穩定和創新的未來，因而詳細檢視中美兩國中產階級的生存狀態，會有很多啟發。

中國在龍年春運的新聞圖片，從除夕到初五到初八的春運返程，公路上都是長長的車龍，當局估計今年春節的特色就是自駕回家高達七十二億人次，是歷史的新高。由於中國是全球的汽車大國，汽車的生產量和消費量都是世界第一，汽車的擁有量也是全球最高，超過四億三千萬，而汽車駕駛人則有五億二千萬人，他們都選擇開車回家過年，不僅短途的幾百公里，有些甚至要開一千多公里。這背後都是中產階級的力量，展示他們選擇的生活方式，不再擠火車，不再騎行危險的摩托車（廣東過去的春運百萬摩托車大軍近年只

剩下三萬左右）。他們選擇開車踏上回家過年的道路。

因為中產階級重視自己的自由和隱私，開車是個人自由的延伸，車內一家人什麼話都可以説，不怕自己的娃吵到別人，也不會擔心被別人干擾。中國的高速公路網哩數已經超越美國，四通八達，可以直達，不像飛機和高鐵還要轉駁，費事失事。龍年春運在公路上的塞車景況展示了中國汽車工業賽道的爆發力，也展現了中國中產階級在生活之途馳騁的本色。

中國中產階級到底有多少？二零二一年估計是四億人，標準是一家三口的年收入從十萬到五十萬。他們的本色就是購車、購房，閒暇時可以旅遊。這次春運的七十二億人次不只是回家過年，也包括出外旅遊的四點七億人次，粗略的估計，從春運自駕遊人次來估算，中國的中產階級起碼有六億多人，也就是美國人口的兩倍，也是全球最大的中產階級群體。根據聯合國估算，全球的中產階級人口是十億多人，因而中國佔六成左右，成為全球最大的消費人口群體。

這次中國春節的賀歲片票房也突破歷史新高，超過七十八億元人民幣的收入，其中賈玲主演的《熱辣滾燙》和韓寒的《飛馳人生 2》都佔鰲頭，叫好又叫座，

尤其在下沉市場就是在一些三四線城市廣受歡迎，顯示一個重要現象，就是「中產階級意識」的崛起。

中產階級意識就是有些民眾的收入還夠不上中產階級家庭年收入十萬到四十萬的標準，但他們都瞄準這個目標前進，即便他們的生存環境充滿挑戰，但他們都有強大的意識要奮勇上進，不斷提升自己的競爭力，改善自己的體質，而最終改變了國家的體質。

這就是中產階級意識的動力，不斷創新，力爭上游，背後煥發一股強調終身學習的力量。中國是世界上最多自學群體的國家，很多學習的APP，如「得到」、「喜馬拉雅」等，訂閱者以百萬計，尤其很多寒門子弟、小鎮青年沒有什麼學歷和人脈，卻憑着滿腔終身學習的熱誠，可以在不同的領域脫穎而出。

相對地，美國的中產階級正陷入歷史的最低點，由於房價飆升，過去三十多歲左右的專業人士買房已經成為不可能，反而街頭上到處都是無家可歸者，在大都會的市中心漫山遍野，滿坑滿谷，令人觸目驚心。美國的去工業化導致藍領工人階層的凋零，而一般的白領階層則集中在金融行業才賺錢，華爾街空前繁榮，但通貨膨脹高企，導致中產階級的總和比不上全國收

入最高的百分之一群體。

美國處於歷史上內部最撕裂的時刻，共和黨與民主黨已經失去了基本的價值共識，各走極端。民主黨左翼的「覺醒文化」（Woke Culture）和共和黨右翼的「美國至上」使得美國政治走上兩極化，南方德州面對數百萬非法移民湧進，與聯邦政府一度陷入軍事衝突的邊緣，公開攤牌，差點釀成第二次內戰，使很多的美國人都捏了一把冷汗。

美國在內政上的裂痕導致外交上進入到處樹敵、左支右絀的深水區，對於烏克蘭戰爭和加沙的烽火，兩黨都有完全不同的價值觀，對策迥異，也使今年底總統大選異常激烈，但可以肯定的是，無論哪一位當選，美國的中產階級在八九十年代的黃金時代已經過去，如今只是在金融業和高新科技發展仍然有競爭力。極富和中下階層的階級矛盾越來越尖銳，再加上槍支管制失控，毒品濫用如出閘的野獸，吞噬美國的心靈，令美國大部分民眾對於未來的展望趨向悲觀。

但中國剛好相反，中國的中產階級人數正在節節上升，中產階級意識也在不斷的增長。這是不可逆轉的趨勢，也是觀察中美大國博弈的重要變數。

人類命運共同體的呼喚

　　二零二四年回顧世局與前瞻未來，發現處處都出現新的拐點，走出過去的格局，需要新的智慧來認識紛擾的世界。拐點是由於新的變數出現，原有的遊戲規則無法支撐新的變局，而需要另闢蹊徑走出意識形態的羈絆，探索一個和而不同、鬥而不破的未來。

　　這也是地緣政治摩擦劇烈的時刻。從微觀局勢到宏觀發展來看，美國獨霸全球的格局開始出現變化，聯合國最新的二七二零決議案決定加沙停火，啟動人道主義救援，中國的主張勝利，美國終於不能冒天下的大不韙繼續動用否決權，而是要投下棄權票（俄羅斯也投下棄權票）。這是重要的國際政治拐點。從俄烏戰爭到加沙的殺戮，將在二零二四年等待解決，背後顯示美國不能再沿用過去的權力套路，要面對新的權力動能的考驗，也面對中國在國際上新的挑戰。

　　猶憶年前美國國務卿布林肯強調，要有一個「以規則為基礎」的世界，他的潛台詞是全球要遵守「美國規則」，但現實的發展是，美國規則背後的「雙標」

和偽善越來越被各國揚棄，即便美國傳統盟邦，包括英國、德國、法國、澳洲等早在十二月十二日聯合國加沙停火與人道主義救援提案中見端倪，不跟隨美國的反對，投下了支持票或棄權票。這都顯示國際輿論的轉向，要對事件的本身作出判斷，因為西方各國領袖被民意所逼，不能眼看幾百萬巴勒斯坦難民被以色列「無差別殺戮」，是超過比例的報復，不能再被美國的意識形態牽着鼻子走，不會被美國「一竿子到底」的偏袒以色列的政策所左右。

聯合國投票形勢的變化，一葉知秋，背後就是「去美國化」的勢力上升，要超越「新冷戰」的窠臼，不再被兩極化的「非黑即白」模式所綁架，而是要實事求是，從自己的利益出發，作出獨立的判斷。

這也因為中國的「人類命運共同體」論述越來越得人心，強調各國的利益互惠，但各自尊重，不干預彼此內政，與美國動輒介入別國內政的方式迥然不同。

月前中國一帶一路論壇在北京召開，共有一百五十多個國家參加，等於是全球約七成以上的國家參與（聯合國共有一百九十四個國家），顯示中國的倡議得道多助，而美國在加沙戰火中一面倒的偏袒以色列右翼

政府，面對國內外巨大反對聲浪，可說失道寡助，兩者對比強烈，也顯示美國近年來在國際關係上的「權力傲慢」，被越來越多的國家厭惡與摒棄。

二零二四年的另一個重要拐點，就是人工智能和機器人的發展都是中美博弈的重點。由於中國在科技的應用上擁有更多優勢，善用大數據和規模經濟，預料在「人形機器人」方面會搶佔更多市場的先機。西方的科技研究機構因為經費的短缺，也遷往中國，如德國的科研機構，為了要配合德國科技產品爭奪中國的龐大市場，要找出中國消費者的最新需求。

中國航天事業在二零二四年也將迎來新的拐點，不僅國企的航天成功，還有民企公司重視回收功能，與美國的 SpaceX 較一日之長短，可以實現將航天發展商業化，超越軍事上的用途，將國家的發展帶到新的維度，在浩瀚的太空中，會當凌絕頂，一覽眾山小。中國在地球上是後發國家，卻可以在宇宙無窮的邊界中，找到新的山河歲月 。

中國的山河歲月，也在互聯網 5.5G 到 6G 的創新中，展現新的力量。二零二四年網絡競逐中，中國衝破了美國的芯片制裁的網羅，換道超車，在超導量子

晶片做出突破，不懼美國的封鎖，發展出自己的高科技的藍海，遠離傳統芯片的紅海廝殺，找到自己的現世安穩，歲月靜好。

正如張愛玲說，因為懂得，所以慈悲。中國懂得創新力是基本，不懼窗外風雨的無情。中國人理解一切國際關係紛爭，最後還是靠內部創新力飆升，將經濟蛋糕做大，讓人民的生活素質改善，才可以在外部關係中克服困難。

中國的創新力不僅是科技突飛猛進，也是要在組織和制度上創新。廣東當局宣布要將深圳、廣州、珠江口西岸、珠海、潮汕揭、湛茂五大都市圈發展，要將軌道交通和智慧城市經濟結合，發揮前所未見的大都會規模經濟，提升區域的競爭力。這也是中國城市發展的創新之舉，能人之所不能，發人之所未發。

其實中國民企這幾年的出海，都是靠組織上和產業鏈數字化變革，從希音 Shein 到拼多多國際版的 Temu，從海底撈到蜜雪冰城都有數字化的核心競爭力，才可以在激烈的國際市場中脫穎而出。

中國面對時代的拐點，搭上了命運軌道轉彎的列車，開往過去難以想像的夢想驛站。

中國應向英國單方免簽

　　中英關係正面對新的拐點。儘管英國在香港問題上長期指手畫腳，但中英貿易額還是非常強勁，強烈互補，英國商界也加速與中國合作，發展更多的互惠措施。

　　然而英國的媒體還是普遍對中國懷有敵意，在英國社會散播一種莫名其妙的仇華論調，貶低中國的一切，背後其實是被香港一些「黃絲遊說團」影響，也就是唱衰香港，認為香港在國安法和二十三條立法之後，已經陷入水深火熱中，香港和中國大陸的發展不可持續，只有一步一步衰敗。英國媒體從右翼的《經濟學人》到左翼的《衛報》，都是帶着濾鏡來看中國發展，但也不斷被現實打臉，尤其是很多長期在中國經營的英國企業，對此非常不滿，認為英國媒體都是意識形態掛帥，坐井觀天，看不到中國的最新變化。

　　因而中國的破解之法就是開放英國人來華免簽，不要再搞很多的簽證枷鎖、繁文縟節，而是要和德國、法國等歐陸國家一樣，可以來華免簽，讓更多的普通

百姓可以來中國旅遊、經商、學習、親歷其境，目睹中國的巨大變化，打破主流媒體傲慢與偏見的有色眼鏡，還中國的真面目，推動中英人民更多的深入交流。

中國留英學生正處於歷史的最高點，也是首現年齡層越來越低的發展。很多中國富裕階層將子女送到英國唸初中，一條龍唸到大學和研究生。粗略的估計，中國留英學生（涵蓋小留學生）約三十萬人，可見中國人對英國式教育的重視，影響力巨大。

其實英國的知識界長期對中國非常關注，牛津和劍橋的精英也長期研究中國，如近年在中國綜藝節目《非正式會談》出現的牛津大學留華學生歐陽森（Harry Moore）和劍橋大學留華學生白若汐（Imogen Page-Jarrett），說普通話（中國國語、華語）都是字正腔圓，一點都沒有外國人的腔調，展示英國新一代對中國的強大興趣，可以全情投入學習中國的語言和文化。

當然他們都不會忘記他們的先輩、劍橋大學的中國通李約瑟教授（Joseph Needham）曾經窮一生的精力，編著了十多冊《中國科學技術史》（台譯《中國之科學與文明》 _Science and Civilization in China_），解答為何在中國古代如此發達的科學成就，卻在後來衰落，

與十八世紀的工業革命擦肩而過。這都成為中英學界的重大課題，也顯示兩國學者的獨特緣份。

英國社會其實都重視中國在基建的巨大成就，在卡梅倫擔任首相的時代一度醞釀要中國投資和提供技術興建 HS2 高鐵，連結倫敦和伯明罕與曼徹斯特直達利茲。但印度裔首相蘇納克（又譯辛偉誠）上台後，卻將計劃縮水，先是傳出將高鐵減半，只是從倫敦建到伯明罕，但後來整個高鐵項目又在環保團體和某些政治勢力的干擾下，不了了之。卡梅倫回鍋重回政壇，擔任外交大臣，對此念念不忘，不滿高鐵項目就這樣無疾而終，爭取背後發功，希望可以挽狂瀾於既倒。

因此這也是中英關係的重要時刻，如何訴諸民意，讓英國民眾認識真實的中國，而不是被少數精英和媒體所扭曲。對北京來說，最簡捷和高效的方式，就是單方面開放英國免簽，讓英國人可以自由入境，讓他們親眼看看中國高鐵如何四通八達，長達四萬多公里，而英國計劃興建的 HS2，全程才約二百公里，是中國的二百分之一左右，肯定能讓英國舊貌換新顏，提升英國國家競爭力，改善人民的生活品質。

英國一些政客和媒體被「黃絲遊說團」所誤導，

認為香港已衰落，中國大陸社會面臨崩塌。要擊破這些謠言，最好的方法就是更加開放，讓普通英國人隨時來華驗證真偽，而不是被別有用心之徒誤導。

由於英國人來港免簽，但他們抵達香港後要往深圳和大灣區就需要辦簽證，包括一些在香港工作的金融界和專業人士，發現大灣區是「這麼近，那麼遠」，儘管廣東當局也提供一些臨時免簽給英國旅行團，但對普通英國旅客仍然麻煩。這也使得中英關係失去更多民間的動力，難以建立深厚的感情紐帶。

其實英國駐港的一些前外交官對一國兩制的發展很有好評，如前總領事吳若蘭（Caroline Wilson）就曾經表示，一國兩制在香港是成功的範例。

但如今中英關係被美國當局牽着鼻子走，亦步亦趨，但殊不知美國另有算計，在英國脫歐之後，沒有兌現承諾，迄今沒有和倫敦簽訂自由貿易協定，使得英國的有識之士理解，美國其實是背後擺了英國一道，反而中國長期都是言而有信，是值得信賴的大國。北京亟須主動出擊，展現大國的自信和智慧，單方面給予英國人來華免簽，讓更多英國人來到大灣區和神州大地，參與中國的發展。這是雙贏的政治，也是互惠的經濟。

中國巧外交應向美單方免簽

外交是創意的考驗。在外交渠道山窮水盡疑無路之際，往往一個巧思就可以四兩撥千斤，開創柳暗花明又一村的局面。一九七二年毛澤東、周恩來不顧東西兩大陣營的大不韙，毅然邀請反共鬥士尼克遜總統（Richard Nixon，又譯尼克松、尼克森）到北京訪問，中美開始融冰，改變了全球的權力格局。

今天的中美關係是半個世紀以來最壞的時刻，主要不是意識形態之爭，而是現實權力博弈，摻雜台灣問題的變數。美國當權派外交精英和一些主流媒體帶濾鏡看中國，並不代表美國大部分的民意，也不代表美國的國家利益。最近眾院閃電式通過封殺 TikTok 的法案就是典型的例子。美國民間出現了很多的反對聲音，民意調查大都不支持，但華府政客就是一意孤行要強勢推動。

在台灣問題上，美國在選舉年之際，一些政治人物都要藉反華來拉抬聲勢，加強妖魔化中國，瞄準一個假想敵。

中國電商 Temu 和 Shein 在美國風靡一時，成為 App 下載量第一、二名，讓美國消費者享受性價比高的商品。但政客也以此煽動民粹，將中國視為美國最大的敵人，但違反了美國消費者的權益。

北京的應對措施，最簡單有效的方式就是回歸外交的要義，訴諸人民群眾，打破美國對華政策出少數精英壟斷和操縱的格局；當務之急就是立刻對美國人民單方面開放簽證，為更多普通美國人來華旅遊、商務，學習掃除障礙，吸引更多美國留學生來中國。疫情前美國留華學生一度高達二萬多人，但疫情後的今天，急跌至只有幾百人，與中國留美學生高達幾十萬計不成比例。

今天美國人到中國旅遊，要辦簽證，手續繁複，背後是中國不滿美國對中國人赴美簽證的嚴苛，甚至對留學生加以驅趕，讓全球中國人憤慨，北京一些官員認為中國對美國人的簽證要一樣嚴苛，才是以牙還牙，才是對等的外交原則。

但中國作為大國，就需要有大國的風度和智慧，要將中美的爭拗，訴諸美國人民，讓更多的美國人了解今天中國的真實面貌，而不是每天被美國主流媒體

扭曲，導致很多美國民眾以為中國人民生活在水深火熱中，百聞不如一見，讓美國的平民百姓用自己的眼睛，看到今天中國的真貌。

美國現在的對華政策只是被政客所操縱，缺乏專業的判斷。台灣前國安會秘書長蘇起曾撰寫文章指出，美國對台灣問題的決策缺乏中國專家的參與。結果錯讀中國，也錯讀了「台灣民主」，很不專業。由於政客的選舉語言是尋找假想敵，一切都是短期主義操作，導致台海局勢持續緊張，被西方媒體視為「從全球最危險的地方到更危險的地方」。

事實上，北京已經單方面開放了德法意西、愛爾蘭、匈牙利等歐洲遊客來華免簽待遇，但很明顯還沒有包括美英兩個國家，背後的原因可能是北京要將免簽視為一種外交籌碼，但現實的發展卻是，美國一些政客其實反對中國對美國人民開放，如美國一些議員就曾提議，要禁止美國人到新疆旅遊，背後是不想美國當局近年向民眾洗腦說新疆維吾爾族被種族滅絕的論述被揭穿。由於現在新疆開放給全球旅客，沒有人看到有任何種族滅絕的證據，這等於是打了美國官方一巴掌。

美國商界對中國的理解最真實，美國餐飲業和服務業都加大在中國的投資。肯德基炸雞在中國的分店增加到一萬家，超過美國本土。星巴克和麥當勞也擴大在中國市場的規模。山姆店和開市客（Costco）兩大會員制超市都在中國擴張，在大灣區吸引很多香港人。這些美國品牌的美國員工和家屬若來中國旅遊，就會感悟中美之間的密切關係帶給美國的巨大利益，又豈是美國政客的制裁所能制止？又怎能奢言中美脫鈎？

從美國國家利益來看，都需要更多的「知華派」，超越「親華」和「反華」的漩渦。美國過去的知華派學者如費正清（John Fairbank）、史華慈（Benjamin Schwartz）、傅高義（Erza Vogel）等，人才輩出，如今在中美關係非常密切之際，美國學術界的中國通人才卻青黃不接，無法掌握中國快速崛起的真正原因，而只是耽於意識形態的簡單解釋，甚至淪為「中國崩潰論」的倡議者，結果不斷被現實打臉，成為國際社會笑柄。

中國若能在對歐陸開放單方面免簽之後迅速開放對美國免簽，讓更多普通的美國人來到中國，見證中國社會的高度競爭力、數字化日新月異，社會治安良

好，與美國治安敗壞、槍禍、毒禍和無家可歸者飆升之禍比較，對比強烈，都可以在美國社會內部形成對決策者的龐大壓力。

中國需要更多的開放，讓中美人民零距離接觸，超越美國官僚和政客羈絆，推動一個更和諧與互惠的中美關係。

中美博弈之辨

耶倫「煤氣燈經濟學」謬誤

　　美國財長耶倫二零二四年四月四日訪華，先在廣州陶陶居吃燒鵝和冰鎮咕嚕肉，但也讓全球吃驚，聽她提出掀起爭議的「煤氣燈經濟學」（Gaslighting Economics），說中國的綠色產品「產能過剩」，說如果中國不能改善，美國就會有進一步的行動。

　　指控中國產能過剩，其實只是耶倫和拜登政府的話術，用現代英文的說法，只是一種 Gaslighting（煤氣燈效應），也就是「忽悠」的心理控制。這英文字源於四十年代一部英美劇作 *Gas Light*，描繪一名別有用心的丈夫密謀將煤氣燈弄得一閃一滅的，卻對妻子說煤氣燈一切正常，光線的變化只是她的幻覺，把她搞到神經病，送進精神病院，以奪取她的財產。這種手段後來在心理學中被廣泛研究、指出這是一種人際關係的控制之道，等於指鹿為馬，卻要言之鑿鑿，讓聽者懷疑自己的認知能力。

　　耶倫說的綠色產品，具體來說就是中國的「新三樣」，包括電動車、光伏太陽能、鋰電池。這些都是環保經濟的重要載體，中國在這方面都在技術上冠全

球，也勢將在全球市場上處於領先地位。

　　耶倫這位柏克萊加州大學經濟學教授背景的財長，用「產能過剩」（Overcapacity）來形容中國的綠色產品，違反了經濟學的基本原則，因為中國這些產品都有極高的技術含量，帶給消費者更多的滿足感，有更多的邊際效益，而不是靠低價傾銷。中國的電動車，從比亞迪到華為的問界到小米的 Su7 都有很多技術創新，壓倒美國特斯拉，在歐洲國家和全球大受歡迎，不僅因為性價比高，還因為它們帶給消費者從未有的感受，比亞迪仰望的原地三百六十度轉彎、華為問界的智能駕駛和高性能的聲控、小米的汽車與手機更高層級的融合，都遙遙領先特斯拉和歐洲，供不應求，怎麼會有「產能過剩」的問題？

　　中國的太陽能產品也是有不少專利，推動全球的綠色經濟，功不唐捐，讓全球受惠。至於鋰電池發展，中國刀片電池的發明改善了電動車受到撞擊後容易起火的弊端，提升了電動車的安全性，在全球都有廣大需求，又怎能說是「產能過剩」？

　　耶倫的「煤氣燈效應」在外交上沒有任何效應，因為中國朝野早就洞燭先機，曉得她的話術只是一種美

國要制裁中國「新三樣」的藉口，但卻沒有和她糾纏不清的辯論，因為耶倫強調她還是反對中美經濟脫鉤，她的「產能過剩說」只是對內忽悠選民，延續妖魔化中國的「畫風」。煤氣燈效應只是為了「內部消費」，指東擊西，為十一月總統大選作出更多鋪墊。她無法忽悠中國，但肯定可以忽悠美國的選民。

耶倫的「產能過剩論」推出後，就成為西方媒體「新主旋律」，上綱上線，說中國的電動車不行、只是接受政府補助的產物，卻不提美國的補貼更多，而今天中國電動車已經沒有補貼，反而內部競爭激烈。

美國政府特別緊張，當前在墨西哥製造的中國電動車借北美自由貿易協定之便，一旦進入美國市場，就會顛覆美國汽車市場，輾壓當前的行業頂流。特朗普早在月前就宣布，若在墨西哥製造的中國汽車進口，他一旦當選，就會徵收百分之百的關稅。

不過中國的電動車和綠色產品並沒有以美國為目標市場，而是先進入更有環保意識的歐洲，也在日本市場試水。真金不怕洪爐火，中國電動車在內部競爭千錘百鍊，等於在國內先打完了淘汰賽，再進入國際的賽道，出海的品牌都是處於最佳的狀態，也肯定不

怕耶倫的「煤氣燈效應」。

耶倫的煤氣燈話術，反而彰顯中國內循環的經濟力度。尤其是春節和復活節清明假期出遊人數火爆，展示中國經濟的強大韌性和動力。

國際上對耶倫的產能過剩論的提法都點滴在心頭，因為美國的武器、美元和農產品長期以來都是「產能過剩」。軍工業形成寡頭財團的金權政治，呼喚更多戰爭，也背後操縱華府的權力。美國五十年代的總統艾森豪就指出美國人民要警惕「軍工綜合體」（Military Industrial Complex）的禍害。美國近年搞「量化寬鬆」不斷印鈔票，讓美元的產能過剩，等於將國內的通貨膨脹輸出，遺害全球。至於美國的農業產品，長期傾銷各地，輸往中國的大豆是美國對華貿易的重點，但其他國家對於美國這些產能過剩問題，都難以置喙。

耶倫經濟學淪為「煤氣燈經濟學」，就是一種企圖忽悠對手、以心理控制對手認知的經濟論述，很容易引發迴力鏢效果（Boomerang Effect），讓更多人來檢視美國的產能過剩問題，以子之矛，攻子之盾，恰好暴露美國對華貿易被武器化的悲哀，違反了美國消費者的權益，也違反了國際關係的基本守則。

中美博弈失控的危險

　　中美博弈往何處去？這是全球最新的拷問。中美是否會在激烈的地緣政治的摩擦中，擦槍走火？在台海與南海，雙方的軍事力量都在摩拳擦掌，似乎躍躍欲試，試探對方的底線，但在現代的軍事較量中，往往容易出現失控場面，讓世人驚恐。

　　二零二四年是美國大選年，現任總統拜登陷入劣勢，支持率跌到百分之三十七，若今天選舉，特朗普必然獲勝。在政治上的重重壓力下，拜登是否會鋌而走險，在南海和台海引爆軍事衝突，加強內部的愛國主義情緒，要國民團結一致對外，從而贏得選舉，這都可能是拜登的政治技倆，也是美國歷史上常見的招數——製造外部衝突來化解內部危機，由此掌控即將失去的權力。

　　拜登其實面對「輸不起」的壓力。一旦他大選落敗，他的官司會接踵而來，兒子亨特的貪腐官司會延燒到他身上，讓他身敗名裂，因而要如何在國際關係上着墨，挑動一場與中國的局部衝突，收割政治利益

都有難以排除的可能性。

　　當然，另一個相反的可能性，就是拜登更依靠中國來解決當前陷入僵局的俄烏戰爭和加沙殺戮。中國是一個重要的「中間人」角色，只要美國能夠在中國的核心價值問題上，保證不再損害中國的利益，北京很可能就會協助華盛頓脫離當前的苦海，不會陷入兩場戰爭的烽煙中。

　　值得注意的是，美國對於台灣問題始終保持謹慎的態度。美國民主黨的智庫精英如葛萊儀（Bonnie Glaser）、康奈爾大學教授白潔曦（Jessica Chen Weiss）、哥倫比亞大學教授柯慶生（Thomas Christensen）二零二三年十一月在美國《外交事務》（*Foreign Affairs*）聯署文章，呼籲賴清德當選後第一件事就是要「凍結台獨黨綱」，使他承諾維持兩岸現狀不變，更有可信度和法律的保障。

　　這三名美國的「中國通」認為，美國必須確保民進黨獲得清楚的訊息，美國反對兩岸任何一方片面改變現狀。若公開聲稱自己是「務實的台獨工作者」的賴清德務實地凍結了民進黨的台獨黨綱，消除了中國大陸的疑慮，就可以減低台海兵戎相見的風險。

由於美國在台灣擁有很多籌碼，可以對民進黨「極限施壓」，讓賴清德最後不得不回到「務實」，成為「務實的非台獨工作者」。

　　不過中美博弈的真實戰線不限於寶島，而在於中美內部的競爭力，誰可以最後佔得上風。儘管美國對中國科技制裁，但中國民間企業的創新能力讓人驚艷，如華為最新的 Web7 發展，以及在人工智能的前沿都有超越前進的趨勢，更不要說中國的民企在美國市場，可以用美國的遊戲規則，贏得美國消費者的青睞，如拼多多的國際版 Temu，躍升為美國 App 下載的冠軍，而它的競爭者希音 Shein 也名列前茅，兩者競爭激烈，甚至在美國法院為了專利權的問題打上了官司，讓美國人瞠目結舌。

　　風行美國的 TikTok 從中國抖音蛻變，靠中國的基因和算法，席捲全球。即便美國眾議院舉行聽證會，要將 Tiktok 關閉，但新加坡籍的總裁周受資在眾議院舌戰群儒，不懼任何政治獵巫，反而贏得民意的支持，最後美國的政客因為害怕強硬關閉 TikTok，會導致美國年輕選民的強烈反彈，不利於自己的選情，才讓這風波告一段落。

這顯示中國民間企業的高度競爭力，可以在國內外的龐大壓力下，奮勇前進。美國的企業其實與中國市場是唇齒相依，須臾不可分離。美國首富馬斯克的特斯拉上海工廠還在擴建，因為它的生產力高於美國德州和德國的特斯拉工廠。美國兩大餐飲店麥當勞和星巴克都在中國擴大投資，瞄準中國的中產階級市場。

　　中美企業都不要讓險惡的地緣政治算計，破壞企業的利益和人民的福祉。這是中美關係的最高綱領，和平共存，擁抱互惠與繁榮，拒絕戰爭和不確定的未來。

戰亂中東與中美變局

中東成為全球最危險的地方。以巴衝突的危機升高，不僅以色列攻進加沙地帶，也可能引爆黎巴嫩真主黨勢力介入，而沙特和伊朗等國勢將不會坐視巴勒斯坦人民被以色列軍隊殺戮，最後也會介入，導致連鎖反應。悲觀的預測，甚至認為會導致第三次世界大戰爆發。

烽火漫天之際，中國的角色越發重要。主要是中國在中東是一股穩定力量，今年剛促成沙特與伊朗和解，讓伊斯蘭世界的遜尼派和什葉派消弭世仇，攜手合作，打破美國多年來在中東地區「分而治之」策略，成為一股新的穩定力量。

這次中東爆發危機，起因是極端勢力的對碰，哈馬斯本來就是巴勒斯坦世界的極端武裝力量，並不能代表巴勒斯坦大部分人民的利益，是「非主流」勢力，如今卻綁架了巴勒斯坦人民，要押上戰車，走向危險的路徑。另一方面，以色列的內塔尼亞胡政府也是極右勢力，在內部掀起不少爭議，也是少數的極端派，

如今中東的兩股極端勢力對碰，走向非常危險的境地。

中國與以色列並不是敵人。儘管北京不同意當前內塔尼亞胡的超越防衛政策，認為解決之道還是要回歸當年聯合國所提出的兩國方案。

從文化和歷史上來講，中國曾經有恩於以色列，在三四十年代，中華民國駐維也納領事何鳳山發出幾千個簽證給歐洲遭受納粹迫害的猶太人，救了他們一命，以色列人書寫建國歷史時都對此難以忘懷，銘記深刻。

追溯歷史，猶太人的一支曾經移居中國，定居在河南開封一帶，只是歲月流逝，逐漸被漢化。近二十年間，一些中國的猶太人後裔還回去以色列尋根，並且學習猶太教精義，成為中以之間的文化橋樑。

在現實政治和歷史文化淵源方面，中國是當前中東戰雲的一個重要變數，可以在關鍵時刻扮演和平推手的角色。中國可以超越現實政治利益和宗教意識形態的鬥爭，站在和平發展的更高維度，尋找恆久的解決方案。

中東地區烽火爭鬥，綿延大半個世界，背後就是大國利益之爭的影子，以老百姓為芻狗，殺伐無數，屍橫遍野，情何以堪。關鍵問題還在於經濟發展，提

升人民生活的品質，很多的問題就可以迎刃而解。

這次北京一帶一路峰會就帶來重大啟示。中國推動一個新全球化的力量，不再只是靠資本集團的力量，而是靠科技創新，資源共享，瞄準一個全球人類命運共同體的願景，超越地區和意識形態的鬥爭。

以色列和美國對巴勒斯坦問題的看法都是從零和遊戲出發，一切拼個你死我活，但這樣的心態導致極端勢力上升，冤冤相報，不知伊於胡底。

儘管美國傳統上支持以色列，但國內選民也有不少雜音，美國的國家利益也不容完全得罪阿拉伯世界。拜登政府已經公開表示，不同意以色列佔領加沙地區，避免出現人道災難。美國當前面臨烏戰和以巴戰爭的兩條戰線，軍事上承受很多壓力，顧此失彼。

總統拜登在 CBS 六十分鐘訪談節目中，強調美國作為一個全球最強大的國家，可以同時應付兩場戰爭，但華府政壇都曉得，這只是夜行者吹哨，自我壯膽。因為美國有《戰爭權力法》（War Power Act），總統派軍海外打仗，開始時可用緊急理由先行出兵，但之後就需要眾議院撥款，須通過決議，但目前民主黨在眾院是少數派，肯定會面對共和黨的挑戰。事實上，

現在眾議院內部對於無限制地支持烏克蘭戰爭，已經有越來越多反對的聲音，認為這違反了美國的國家利益。美國內部急需用錢，處處捉襟見肘，還要大手大腳的軍援外國，並且是一個無底洞，肯定受到納稅人的質疑。

中國靈感就是以和為貴，勸和勸談，不能損害老百姓的福祉。中東的亂局其實源自千年的恩怨情仇，形成惡性循環，但人類只有一個地球，以色列和阿拉伯世界比鄰而居，就要有智慧找出一個彼此都不滿意、但卻可以接受的方案，和睦相處。中國的經驗就是不斷將餅做大，化解內部資源緊繃的矛盾，而不是彼此不斷猜疑，陷入了無解的怪圈。

以色列內部對內塔尼亞胡有很多不滿，懷疑他有意不去堵截哈馬斯滲透，造成傷亡才可以槍口一致對外，以轉移視線，消弭內部反對聲音。但司馬昭之心路人皆知，目前內塔尼亞胡民望很低，很多以色列人認為風暴之後，一定要找他算賬，尤其他要進軍加沙對巴勒斯坦人趕盡殺絕，也被拜登反對。風雨飄搖之際，全球聰明的猶太人都思考中國式智慧，如何長遠地、一勞永逸地解決中東問題。

新維度看中美全球博弈

　　中美的全球博弈進入了新的維度，不局限在台海與一兩個地區的爭持，而是擴大到全球的每一個領域，處處過招，但又保持密切的接觸，不是冷戰時期的絕緣體。中國對美國的態度，在秦剛失蹤事件和火箭軍洩密導致大整肅之後，調整至新的方向，不再寄望經濟上的互惠，而是加強在全球的布局，開闢新的戰略上的「藍海」，避免在原有擁擠的「紅海」中糾纏不休。

　　中國最新的藍海就是在中東加強活動，提升自己的主導角色。二零二三年八月初沙特舉行烏克蘭和平峰會，儘管俄羅斯不參與，中國卻態度積極，與美國及各國共同探索烏戰和平的可能，避免兵禍連結，災難外溢全球。沙特的動機就是要改變形象，彰顯它是中東大國的地位，在中美俄之間，沙特更重視中國的動能更為靠譜，是值得信賴的朋友。此前中國當上魯仲連，介入調停沙特和伊朗，使死敵握手言和，化干戈為玉帛，成為世界佳話。如今中國乘勝追擊，在推動國際和平的具體議題上努力，而俄羅斯陷入烏戰泥

淖，戰事曠日持久，也樂見中國出馬，若最後找到新的和平方案，救俄烏兩國人民於倒懸，也等於變相為美國解套，創造多贏的可能。

事實上，中國和全球猶太勢力都有不錯的交情，如美國前國務卿基辛格，就是國際關係圈子的猶太精英，他長期認為特朗普和拜登兩位總統都誤判中國，結果損害了中美的共同利益。美國大財團背後都是猶太精英的身影，如微軟的創辦人比爾‧蓋茲就反對美國當局將中國妖魔化，認為這導致美國經濟弱化，通貨膨脹飆升。國務院一些中國問題專家如華自強（Rick Waters）等都離開官僚系統，被傳出是不滿白宮對華政策太過意識形態，不利美國的國家利益，為了堅持自己的原則，因而掛冠求去。

美國政府最近開始警覺，若讓中美關係螺旋形地惡化下去，終非美國之福，因而與中方有很多秘密的接觸，傳出兩國要成立一個工作小組解決爭端。

中國也展現軍事上的硬實力，二零二三年在阿拉斯加外海，與俄羅斯海軍舉行聯合巡邏，共達十一艘最先進的航艦，使美國芒刺在背，感受到「一報還一報」的現實，不再是美國軍艦在中國國境附近游弋，

也要面對自己國境附近被威懾的效應。美方派出四艘艦艇應對，了解北極圈一帶將是美國海防與空防新戰線，中國遠洋艦隊的噸數越來越強，改變了海洋上美國霸權的格局。

不過美國還有不少有求於中國的地方。最新的經濟數據顯示，美國進口中國的藥品大幅飆升，不僅是過去的抗生素，而是抗癌藥品，中國是快速上升的癌症藥物出口國。由於美國國內市場對抗癌藥物需求極大，而中國強大的產能和品質管理能力都無可替代。儘管美國當局一度期盼依靠印度，但由於印度製造的藥物品質不穩定，良率很低，美方還是要靠中國的藥品製造業。

中國對美國的另一個殺手鐧，其實是在美債的問題上。由於中國擁有全球第二高的美債，共達八千四百六十七億美元，若一旦中國快速釋出，對美國的打擊很大。正是美國的債務問題惡化，國際評級機構惠譽（Fitch）將美國的國家信用評級下調到 AA+，儘管美國財長耶倫對此抗議，但國際上都看出拜登政府舉債太多，債留子孫。惠譽的評級降低只是一個警號，若拜登政府不思進取，還是毫無財政紀律，就會

面對更多評級機構的跟進。

　　中國對美博弈，就是下一盤圍棋，不求一城一池之爭，而是有全局的概念，可以聲東擊西，也可以圍魏救趙，關鍵是打鐵還須自身硬，要不斷提升自己的國家競爭力，要有更好的國民教育與國民素養，才可以在漫長的國家復興之旅上抵達理想的彼岸。

灰色和平大變局

中美關係正在進入一種「灰色和平」（Grey Peace）的奇特領域，沒有黑白分明的戰爭與和平，而是在劍拔弩張的對峙中，在高科技和稀有資源上彼此制裁，互相卡脖子，但卻仍然在經貿上維持熱絡的關係，保持在產業鏈上彼此依存。它們雖然「異夢」，卻堅持「同床」，在灰色的天空下，爭取和平共存。

國際關係學界相信，這是中美冷和（Cold Peace）的開始。今天冷和的定義就是：在看似冷冰冰的關係中，維持難以分離的經貿互動；中美在全球產業鏈上無法脫鏈，似乎要揮劍斬鏈，但是藕斷絲連，剪不斷、理還亂。因為主觀的願望敵不過客觀的規律，在國家利益的總體算計來說，中美「同床」儘管「異夢」，但也要避免「床塌了」、更要避免它們同住的房子—地球，陷入被毀滅的危機。

這也是國際關係上最新的狀況：中美進入一個「灰色和平」狀態，彼此緊張關係持續，看不到短期內有「緩和」（Detente）的跡象，但與冷戰時期比較，雙方

的經貿關係不但密切，還在某些領域更加緊密，如美國服務業巨頭星巴克、麥當勞都加強在中國大陸開闢分店。美中全國貿易委員會的代表團日前訪問北京，還獲得國務院總理李強的接見，強調兩國經濟利益關係的互惠性。即便高層關係陰晴不定，但中國民間對於美國產品的歡迎度非常高，美國電影從鼓吹女權的《芭比》到描繪原子彈問世歷史的《奧本海默》都在中國廣受歡迎。這和當年冷戰時代雙方絕緣的「鐵幕」比較，對比強烈。

更不要說中美在全球氣候變暖的問題上有不少的合作空間，美國前總統候選人、民主黨元老克里訪華，探索兩國如何應對極端天氣的危機，巧合地，剛好中美都面對極端天氣的禍害，華北與東北的水災肆虐，和夏威夷山火的失控都讓北京與華盛頓不約而同地面對大自然的危機。

因而中美的「灰色和平」其實也是一個時代的底色。從美學來看，灰色配上其他的顏色，往往帶來奇特的效應。如灰色配搭綠色（環保），或是灰色配搭粉色（女權）都是設計家所喜歡的感覺。從民眾的觀點看，和平是最佳的顏色，拒絕戰火的蹂躪，才是時

代的需求，也是民間要敦促決策者不能輕易走上武裝衝突之路。

其實中美「灰色和平」，就是要避免「灰色戰爭」。美俄目前正處於「灰色戰爭」，在烏克蘭戰場上，美國對俄羅斯打一場代理人戰爭，借助澤連斯基的部隊，打了一場曠日持久的戰爭，以削弱俄羅斯的國力。不過俄羅斯憑着豐沛的自然資源，開闢印度與亞洲市場頂住經濟下滑的危機，但死亡人數約十二萬，受傷約十八萬，帶來俄羅斯社會的內傷。

拜登政府的如意算盤就是希望在台海搞一場「灰色戰爭」，借助台灣的綠營政府，製造戰端，但美軍不介入，而只是提供武器。不過北京早就看穿這樣的「陽謀」，不會陷入「代理人戰爭」的漩渦。一旦台海爆發戰爭，中國就會立刻劍指美國，升高至中美大戰，最後就是一場核子大戰。這也是美國迄今耿耿於懷之處，不敢輕舉妄動。白宮對於主張台獨的綠營領袖賴清德在美國的「過境外交」，也是低調謹慎應付，不敢引爆危機。

同時美國商界也對白宮施加壓力，強調美國需要中國的市場，也需要中國的產品；中國也需要美國市

場和金融架構。中美若爆發「灰色戰爭」，不利美國利益；若進入「灰色和平」狀態，反而使得美國企業有周旋的空間。

從冷戰的歷史來看，當年維繫了平衡的局面，但也導致中美在戰場上要打代理人戰爭，避免直接赤裸裸的暴力相對。今天的「冷和」帶來意外的效應。中國在美國的制裁下，全力建設自己獨立自主的產業鏈，反而加速工業化與數字化的過程。美國的拜登政府則在這過程中，對內掀起反華的民粹，希望有利選情，對外爭取更多的「友岸」產業鏈，化解美國工業空心化的痛苦。

拜登曾邀請日本首相岸田文雄和韓國總統尹錫悦到美國「大衛營」舉行峰會，就是要落實對華制裁，但也面對日韓的反應，因為日韓兩國經濟也和中國緊密相連，若美國敦促日韓與華敵對和脫勾，但自己又與華繼續「同床」，也勢將被東京與首爾看破手腳。

同時，中國也在國際上布局。習近平前往南非參加「金磚國家」峰會，要反對美國的霸權主義，推動「去美元化」。這都是中美博弈的一環，也是國際上同期舉行的集團會議。美俄在烏克蘭陷入「灰色戰爭」，

但中美在台海還是保持「灰色和平」。這是地緣政治的最新大變局，也是民間的盼望，讓灰色不是絕望的顏色，而是可以配搭希望的顏色。

供應鏈博弈的反高潮

中美供應鏈博弈在二零二三年出現反高潮（Anti-climax），美國以為傾盡全力制裁與打壓，並聯合歐洲和日本、韓國加以圍堵，可以將中國的經濟打壓，但事與願違，反而使得中國加強供應鏈的韌性，不但沒有失去全球供應鏈的關鍵地位，反而補鏈強鏈，即便將供應鏈拉長，中國的重要角色反而加強，讓美國在國際外交場合中連連失利，難以遏止中國經濟增長和中國國力的飆升。

因為美國費盡苦心，發展「友岸」供應鏈，要將原來集中在中國的供應鏈轉移到越南、印度、東南亞、韓國等地，但在實踐上，幾乎所有的供應鏈的原料都來自中國。美國的措施只是刺激不少廠商將在中國的產業鏈外移到越南等東南亞國家，但整個供應鏈的原料和技術都依靠中國，只是將原有的供應鏈拉長，從Made in China 變成了「Made By China」而已。尤有甚者，印度東南亞國家的基建不佳，即便貨品製造了，但如何運出去都成問題，這也導致越南不少工廠最後

還是要搬回中國，因為在外銷的渠道上，越南往往虧在「最後一里路」上。印度的問題也類似，工廠造出產品運到西方，無法克服國內條件奇差的基建，等於成本再增加，最後還是要靠中國的產業鏈來補救。

對於關鍵技術的制裁，美國也碰到意想不到的發展，因為這反而刺激中國發揮舉國體制，落實「全產業鏈」，不容任何一個環節要仰賴外國，實現工業化全面自立自強。這包括了高級芯片的製造，如華為手機 Mate60 Pro 的黑科技，就在美國商務部長雷蒙多訪華期間推出，製造轟動效應，也是對美國的一場震撼教育——美國越制裁，反而越會刺激中國補鏈強鏈。

二零二三年也是中國全球權力格局逆襲的一年。中國鴨子划水式的外交，平地一聲雷地宣布，讓死敵沙特和伊朗握手言和，一笑泯恩仇，改變了中東的局勢，讓美國長期布局破滅，不能再依靠伊斯蘭世界內部的遜尼派和什葉派之爭來鑽空子、坐收漁人之利並以此來偏袒以色列。這也使得中國在中東的地位上升，不僅在地緣政治上取得上風，讓美國難以在中東再搞挑撥離間的計謀，使中國在能源供應鏈上擁有更多的安全保障，具有豐沛的能源動力，確保經濟發展。

二零二三年中國在外交上的重大成就就是舉行一帶一路的峰會，共有一百五十多個國家參加（全球共有一百九十四個國家），等於是一個準聯合國的會議，顯示了全球對於中國的全球命運共同體的願景高度認同，也對美國唯我獨尊的國際格局的不滿。一帶一路的國家，在北京的會議上，商討更多的合作模式，而重中之重則是本幣交易的建立，等於是為「去美元化」鋪路，在開發一個不受美國恣意制裁的供應鏈，也就成為一個潛台詞，要建立一個自由的、包容的國際貿易格局，推動國際權力平等互助，徹底走出帝國主義餘緒的權力格局，邁向一個超越大國霸權的新平台。

　　這也是後來出現的金磚國家峰會的動力，從原來的只有五國開始擴容到十國，代表全球南方的崛起，要推動一個更平等和多元化的世界。

　　到了二零二三年第四季，中國舉辦的進口博覽會吸引了全球一百五十四個國家和地區參加，而美國企業逾二百家，顯示美國企業要擺脫華盛頓的羈縻，加強在中國的投資，分享中國龐大市場的紅利。從麥當勞到星巴克，從橋水到黑石等金融機構都提升在華的投資，擴大在中國的活躍度。這都與華府的「小院高

牆」、斷鏈圍堵的政策背道而馳，反映企業的判斷與政客的考量迥然不同。

隨後中國在北京舉行的供應鏈促進博覽會更受到全球企業家的重視，出席的國家共有五十五個，顯示中國作為一個全工業鏈條的國家，可以吸引更多的國家來參與中國的經濟發展，也為自己國家的利益做出深層的盤算，就是互惠互贏，產業鏈互補，構建一個沒有小院高牆的世界。

這都是中國在二零二三年的外交總結，就是以自己的強大創新力量，反擊美國的制裁，而中國的企業也在美國建立越來越強的根據地，除了較早前的抖音國際版 TikTok 之外，還有希音 Shein 和拼多多的國際版 Temu，上升到美國 APP 的前列，威脅到過去的霸主亞馬遜的龍頭地位。這背後都是中國的數字化力量，不斷創意革新，不滿原來的範式，用數字化的力量來扭轉乾坤，展示中國人的智慧，不懼西方的圍堵，反而在逆境中迎難而上，爭取最後的勝利。

這背後就是一套組合拳的運作，將民企與國企的力量結合，強調開放，借力打力，善用國際的機遇，抓住全球不滿美國霸權的欺凌，呼喚一個人類命運共同體的未來，贏得世界的民心。

政治模式之爭啟示錄

　　中美博弈往何處去？背後是兩種不同的政治模式。美國的選舉民主模式陷入高度意識形態之爭，內耗屬害。兩場海外戰爭都嚴重撕裂內部，決策往往都是短期主義，難以持續。中國則將民營企業與舉國體制結合，又有高度的憂患意識、重視終身學習，煥發很多的創新動力。中國召開兩會，在商討如何提升新質生產力，加快產業數字化和數字產業化，也要提升人工智能和機器人的發展，全面改變中國的國家競爭力。

　　美國二零二四年也是政治上的關鍵時刻。年底十一月總統大選，由八十二歲的拜登與七十八歲的特朗普對決，他們代表美國當下迥然不同的世界觀和發展路線，尤其在移民問題上，拜登去年已經讓國內的入境移民總數達到六百多萬，魚龍混雜，有不少毒販和犯罪分子混跡其間，引起民意反彈，共和黨州的作法就是將這些非法移民用大巴士送到紐約、加州等民主黨的地盤，突顯濫收移民之弊。

　　美國吸納全球精英的秘密武器是 H1B 簽證，網羅

世界最優勢頭腦，厲害的高等教育系統培養高手。美國的高新科技企業的 CEO 都是印度留學生，亞裔也人才輩出。

掌握全球金融發展的華爾街操控全球金脈，近年指數飆升，以高息和推動全球戰爭吸納歐洲與中東的熱錢。更可以不斷量化寬鬆製造美元，而美元在國際匯率上堅挺，不僅僅是經濟，也是因為政治上和軍事上的影響力。

美國的劣勢在於三大害。第一是槍害，槍枝失控，去年四萬多人被亂槍殺死，治安敗壞，很多地方走路和開車都危險；第二是毒品失控，芬太尼比海洛英強一百倍，去年美國濫毒死了四萬多人；第三是無家可歸者泛濫，全國高達百萬人在市區中心，滿坑滿谷，滿山遍野，很多是精神失常，殺人和強姦是家常便飯。

美國更大的問題是意識形態之爭，民主黨左翼「覺醒文化」充斥，造成零元購、小孩跨性別手術的爭議。共和黨右翼反對氣候變暖科學論據，否決巴黎協議和京都協議。前總統特朗普否定新冠肺炎存在，說喝消毒液可以治療。

中國的特色是將集體主義的舉國體制和市場經濟

結合，十五年間，中國興建全球最大基建系統—最大的高鐵、地鐵、高速公路、橋樑、隧道、航天系統，也培育了全球最大的專業系統、最大的工程師隊伍、最大的中小學和大學教師隊伍、最大的律師隊伍，形成了專業隊伍的自主性，也加速中國式現代化的步伐。

中國也回歸傳統文化，加以普及化。綜藝節目《中國好詩詞》、《典籍裏的中國》都大受歡迎。中國民企出海的奇蹟建立了變形金剛供應鏈，不懼美國的打壓。中國在越南、印尼、泰國建廠，避開了美國的制裁，讓美國消費者得益，也讓中國企業繼續賺錢。

由於美國正在加強全球反中的經濟布局，要封殺中國的電動車進入美國，也在 6G 建設上聯合盟邦與中國競爭，無論是拜登或特朗普都將中國視為美國的假想敵，而中國以圍棋的騰挪方式，加速出海到美國友岸外包的國家，甚至在美國的後院墨西哥也大量興建電動車和其他電器的工廠，由於零部件都在當地製造，勞工也是僱用當地，但技術和資金都是來自中國，等於將「Made in China」變成了「Made by China」，但又加強了中國和「全球南方」國家的密切關係，提升了中國在國際上的影響力。這使得美國決策者方寸

大亂，左支右絀，難以應對。

對全球民眾來說，中美博弈不在誰輸誰贏，而在於誰會帶來更好品質的生活。美國選舉民主模式，對內意識形態掛帥吸引選民，但都是短期主義的利益算計，各走極端，形成空前的撕裂，瀕於二次內戰的邊緣；對外則是霸權主義，挾美軍、美元、美債自重，君臨天下，在烏克蘭戰爭和加沙戰爭中製造血腥和仇恨，不知伊於胡底，引起了全球南方和越來越多盟邦的反彈。

中國則強調賢能政治（Meritocracy），執政黨凝聚社會精英，要自我革命，以黨治黨，掃除貪腐，防止政商利益集團壟斷，過去十年間，幾百萬貪官被拉下馬，多少財閥從神壇走下來，都顯示勵精圖治的決心與實踐，也使得中國的發展日新月異。

這也是現代政治學強調的「良政善治」（Good Governance），政府要帶來一個穩定的、發展的、創新的生活，避免治安敗壞、資源分配不均的弊病。中國和新加坡都是一黨獨大，沒有英美所強調的政黨政治，但恰恰可以避免泛政治化的上綱上線，避免內耗，而是發揮舉國體制和自由市場機制結合的優勢，提供

更多公共品，也有很多刺激創新的動力，造就一個免於治安敗壞和毒品失控的國度，也擁有一個免於被內部撕裂和仇殺、處處是無家可歸者的社會。

中國企業出海突破美國封鎖

　　儘管西方媒體近來加緊唱衰中國經濟，但客觀的事實是中國企業出海正上升到歷史高峰，即使面對美國百分之二十五的關稅，電動車百分之百的關稅，以及各種奇葩的制裁，但中國企業出海的速度、密度和強度都是前所未見，背後是中國強大的創新能力，還有內部經濟逆境中所煥發的憂患意識，迎難而上，創造新的商業空間，展示中國巨大的國家競爭力。

　　突破就從美國和西方國家開始，過去大半年間，中國的跨境電商希音 Shein 和拼多多的國際版鐵木 Temu 都以勢如破竹之勢，高居美國和歐洲的 App 下載的前列，Temu 甚至幾度成為冠軍，顯示消費者的愛戴，被中國產品的高性價比和高效的快遞感動。中國跨境電商的數字化管理能力與完整的產業鏈將很多的中間環節減少，砍下了很多的代理成本，讓消費者可以享受更多的「降價增效」，壓倒了亞馬遜等巨無霸，展現中國厲害的競爭力，創造高達二萬億元人民幣以上的市場規模。

預料未來兩年內，這兩家中國跨境電商會贏得西方電商市場份額的多數，因為中國電商的算法高明，而生產鏈也有全面的數字化管理，可以快速「試驗錯誤」，獲得市場的最新信息，因時因地制宜，避免倉儲的壓力。在全球化的市場中，這也使得中國的製造業勢力擴大，從發達國家到後進國家，都成為中國的新市場。

　　中國的汽車出口在二零二三年，成為全球第一，高達五百二十二萬輛，壓倒日本，預料在二零二四年迎來新的高峰，更上層樓。目前出口汽車，除了眾所矚目的電動車外，還有性價比和配置越來越智能化的燃油車，在國際上大放異彩。烏克蘭戰爭還成為一大助力，俄羅斯面對西方車企全面制裁，中國汽車成為代用品，但讓俄國消費者喜出望外的是中國汽車價廉物美，後來居上，將歐美汽車比下去了。中國二零二三年共賣約八十萬輛汽車給俄羅斯，並積極開闢中亞國家市場，如哈薩克、烏茲別克等國都越來越青睞中國汽車。

　　科技是中國企業出海的內核，從汽車到跨境電商，從工業設備到軟件，中國的「新三樣」：電動車、鋰

電池、太陽能電池，取代了「舊三樣」：服裝、家具和家電。中國出口的 3D 打印機，去年已經賣了三百五十萬台。

中國不僅在硬件佔有優勢，軟件方面也讓全球驚艷，如中國的遊戲軟件「原神」風靡全球。Hago 互動遊戲軟件也在東南亞打開一片天。在埃及，中國的 Boomplay 聽歌軟件也贏得很多當地人民的心。最讓人意外的就是本來在非洲佔據手機市場的深圳傳音（Tecno），正與網易合作打造的 Vskit，等於是非洲大陸的抖音，非常紅火。

中國的火鍋連鎖店也在歐洲發展，麻辣火鍋成為新寵，征服西方人的味蕾。小龍坎、劉一手、蜀九香等都廣受歡迎，而這些新餐飲集團，從供應鏈到前線服務都重視數字化經營，提升競爭力，而不是靠低廉的售價，有些品牌甚至進入歐美的高端市場，在競爭非常激烈的市場中佔一席之地。

恰恰是中國市場內捲嚴重，刺激越來越多企業出海，尋找新的藍海，躲開中國擠迫的紅海。但中國內部練就的本領往往可以在海外發揮力量，複製原有的模版，但又因地制宜，佔據新的市場空間。

最讓西方耿耿於懷的，還是中國的短視頻 TikTok 和各種的微短劇，掀動新的風潮。TikTok 在美國成為最多年輕人使用的社交媒體，壓倒臉書和推特（現名：X），在美國的政治生態上，成為很多反華政客心頭的一根刺，必欲去之而後快，但他們的小孩都背叛了父母，獨鍾 TikTok。

在東南亞的政治圈，TikTok 也是影響選舉生態的平台，無論是馬來西亞還是印尼，都受到 TikTok 的巨大影響，也為母公司字節跳動帶來龐大的利潤。

中國的短劇採取豎拍的方式，精準算計高潮與反高潮，沿用中國觀眾耳熟能詳的套路，如「霸道總裁與美少女的約會」、「窮小子被歧視卻逆襲成功」等，讓英語世界驚為天人，收穫豐厚的利潤。

中國企業出海的最新現象，就是「數字化出海、出海數字化」都以高新科技為底蘊，瞄準各種行業，從跨境電商到汽車，從 3D 打印機到超短劇，展示中國創新力量，超越政治羈絆，不懼美國和西方的封鎖，以人為本，贏得消費者的心，也改變了全球感情版圖，最終會改變全球的權力版圖。

預料二零二四年，中國企業出海的速度會加快，

推動新一波的全球化。由於西方社會的通脹厲害，百物騰貴，中國製造的產品不但價格便宜，還有不少創新的配置和應用，既對接下沉市場的需要，又進入高端市場，別樹一幟，如寒天裏的一把火，溫暖了很多消費者的心。

兩個美國內戰

美國鴕鳥政治的全球危機

聯合國以壓倒性多數通過接納巴勒斯坦進入聯合國，儘管美國強烈反對，但國際民意浩浩蕩蕩，不再容許美國作為單一霸權長期控制世界舞台。美國長期違背國內外民意，不顧年輕一代風起雲湧的抗議浪潮，標誌了美國鴕鳥政治深陷泥淖，加深了全球地緣政治的危機。

拜登被以色列牽着鼻子走的外交政策，讓美國被譏諷為以色列的乾兒子，予取予攜，對加沙超過三萬多平民百姓被以軍屠殺、幾百名聯合國工作人員遇害、約百名記者被殺的空前悲劇，視若無睹。即便美國和西方國家的大學生的抗議行動不絕如縷，但美國當局還是不作反應，還變本加厲地推出《反猶意識法案》，將示威學生打成「反猶主義」，殊不知示威者中不少是猶太學生和老師，他們反對的是內塔尼亞胡對巴勒斯坦的種族滅絕政策，而不是反對以色列人。

越來越多的跡象顯示：美國當局陷入了鴕鳥政治的沙堆中，對各種「常識性」問題視而不見，面對國

際質疑時，就會「亂以他語」，隨便找些藉口來搪塞迴避。這次在聯合國的投票都展示全球民意沸騰，不能忍受在二十一世紀初葉，還有如此大規模的種族滅絕行動，而自稱自由民主人權捍衛者的美國，卻如此雙標，支持以色列，等於是一個屠殺平民的共犯結構、為世人所不齒。

美國智庫蘭德公司（RAND Corporation）應五角大廈之邀，發表有關美國國力的報告，指出美國正在「相對的衰落」，關鍵是內部問題嚴峻，兩極化政治越演越烈，無法應對內政危機。蘭德智庫的研究顯示：美國的國際形象正處於下滑的低點，但敵人不在外國，而在國內，包括生產力低落、人口老齡化、教育程度低，二十五歲以上人口只有百分之二十三的人大學畢業，百分之十四碩士博士畢業。而精英忙於政商利益輸送，導致美國無法在外交與內政上解決迫切的問題。

這也造成全球危機。美國不但無法消除世界各地風暴，還由於本身的內部問題，顧此失彼，形成了一種鴕鳥心態，對很多問題視而不見，或是要「甩鍋」給其他國家，但卻難以站得住腳，成為國際笑柄。

最新例子就是美國財長耶倫訪問中國之前，指責中

國「產能過剩」（overcapacity），尤其是中國的新三樣：電動車、光伏太陽能、動力電池等。但以電動車來説，中國電動車的出口只佔全部產量的百分之十五，相比之下，特斯拉和美國歐洲的汽車出口都「遙遙領先」，但為何是中國產能過剩，而不是美國。而光伏太陽能造福全球的綠色經濟，對防止全球暖化貢獻良多，但美國生產的太陽能產品性價比太低，無法與中國競爭，才誣指中國「產能過剩」。同樣電動車的電池，中國具有創新能力，發明「刀片電池」，體積更小，續航力更強，如今特斯拉和歐洲的電動車都要採購，供不應求，怎麼能説是「產能過剩」？

其實恰恰相反，美國才是全球經濟中出現產能過剩的國家。君不見美元不斷量化寬鬆，就等於印鈔票，導致國內通貨膨脹，疫情之前紐約曼哈頓街頭的熱狗約七塊美元一個，如今疫後的價格飆升到十五美元，讓人觸目驚心，通脹猛於虎，使得中產階級和基層的生活受到重壓。而通脹輸出，導致歐洲國家的通脹普遍嚴重，成為美元產能過剩的受害者。

事實上，美國內政問題的嚴重是歷史上罕見。無家可歸者人數飆升，散落在各大城市的中心精華地段，

全國估計高達六十多萬人。美國的嬰兒夭折率回升到千分之五點六,二十年內首次不跌反升,甚至高於一些第三世界國家。這都因為很多父母都是吸毒者,毒害禍延下一代。二零二三年的統計顯示,美國人濫毒死亡人數超過十一萬人,比美國在越戰和韓戰死亡的總和還要多。而美國憲法第二修正案保障人民擁有槍的權利,也造成亂槍無差別殺人事件層出不窮,禁不勝禁,去年共有四萬多人成為槍下冤魂。

這些內政的毒瘤卻無法用法治之刀切除,因為這把刀已經被意識形態的禍水弄到鏽跡斑斑,法治蕩然無存。十幾個州出現「零元購」的怪現象,讓偷竊或搶劫不超過九百五十美元(有些州是一定金額以上)的物品,屬於「輕罪」(Misdemeanor),可以罰款了事,毋須監禁,背後是過去民主黨左翼支持的「進步哲學」,聲稱要避免「階級歧視」,卻導致「加害者」的權利凌駕「受害者」的權利,成為咄咄怪事。

因而美國的內政問題成為現象級的無解,治安不靖成為常態,通貨膨脹禍水外溢,兩黨政治人物相互推諉,只有不斷甩鍋給中國,但全球民眾的眼光是雪亮的,鴕鳥政治無法持續,埋在沙堆裏的問題最終會被揭開。

兩個美國內鬥與外交死結

　　全球都在關注兩個美國的矛盾正在日益尖銳，甚至傳出會引爆第二次內戰。這不是聳人聽聞，而是美國內部政治兩極化形勢非常嚴峻。德州的問題只是冰山一角，反映兩個美國迥然不同的價值觀正在對撞，也勢將衝擊美國的外交政策。

　　這次德州危機是源於拜登的移民政策失控，二零二三年讓約三百萬名非法移民從德州等南部邊境進入美國，造成當地沉重負擔，民怨四起。共和黨強烈不滿，指出這是拜登政府的「陽謀」，要引進大量的拉美裔移民，討好美國內部拉美裔選民，以贏得今年的總統大選。拜登政府則指控白人種族主義在背後挑撥，認為移民也有人權，不滿德州政府拒絕救援在偷渡時遇險的非法移民。德州州長阿博特動用逾萬國民警衛軍（National Guard）防守邊境，阻止如潮水湧入的難民。全國共和黨執政的州也群起聲援，聲稱要派軍隊支援，一時間似乎形成地方與聯邦對峙的局面。前總統特朗普更高調批判拜登，痛斥他昏庸無能。

背後其實是兩黨極端對立的價值觀。從目前民意來看，拜登處於劣勢，他的支持率只有百分之三十八，是歷史新低，如果現在立刻選舉，他肯定會輸給特朗普，因而對於德州州長的叫板，他選擇低調回應，不敢派出聯邦部隊施壓，但雙方的支持者在網絡上彼此叫罵，暴露美國內部的裂痕。

　　美國在二戰之後曾出現地方與聯邦的軍事對峙。一九五七年阿肯色州爆發小石城事件，源於美國最高法院頒發命令，不許南方各州再實行學校種族隔離，而小石城的中央高中（Central High）有九名黑人學生入學被阻止，該州的國民警衛軍奉州長之命，站在白人一邊，阻止黑人上學。時任總統艾森豪（Dwight Eisenhower）當機立斷，火速派出美軍王牌一零一空降師奔赴校園現場，保護這九名黑人學生進出學校，確保安全，展示震懾作用，不懼旁邊的白人種族主義者的謾罵。艾森豪總統的舉措獲得了全國大部分輿論支持，也使這位共和黨總統在美國歷史上留下正面評價。

　　但今天民主黨的拜登總統對於德州軍隊的行為，卻不敢輕舉妄動，因為移民問題失控，早已令全國民眾非常厭煩。德州將入境的非法移民，用大巴士送到民主黨

治理的紐約市，結果這些移民在曼哈頓睡在大街上，佔用公共資源，也使治安敗壞，讓紐約市長宣布紐約市進入緊急狀態，顯示民主黨已所不欲，勿施於共和黨，拜登失去當年聯邦派軍的道德高地。民調專家預測，在年底選戰中扮演關鍵角色的「搖擺州」（Swing States）都會反對拜登，投下支持特朗普的一票。

拜登的聲勢受損，也勢將影響美國的外交政策，從盟友到敵人都在盤算「後拜登時期」的美國外交，新一任的特朗普政府會如何解決當前的美國外交困局？

從歐洲的觀點看來，特朗普肯定會弱化北約和歐盟，也會盡快從烏戰中抽身而出，強迫烏克蘭盡快談和。特朗普的商人本色，認為戰爭是一盤不好的買賣，最好還是透過交易，交換利益，不戰而撤人之兵。烏克蘭的澤連斯基勢將吃下苦果，在現有百分之二十的國土喪失的情況下，向莫斯科求和。基輔以為自己是美國對付俄國的棋子，但沒面對未來成為美俄大國交易的「棄子」，儘管烏克蘭已經犧牲了逾十萬的軍民，幾百萬人民流亡國外，卻要承受痛苦的代價。

在中東，由於特朗普猶太女婿的金脈，特朗普會加強支持以色列的力度，甚至公開支持內塔尼亞胡在

加沙的種族滅絕行動。這勢將使中東局勢更為動盪，烽火不斷，不知伊於胡底。

對於台海問題，特朗普相信可以和北京有更多交易，來化解朝鮮危機，因而日本的岸田內閣和尹錫悅的韓國政府都會面對嚴重衝擊。特朗普的外交重視具體利益，不相信戰爭，也不相信歐洲和美韓的友邦，認為它們都是佔盡美國便宜，不利於美國國家利益。

但總的來說，無論是特朗普逆襲凱旋，還是拜登連任成功，美國的外交都陷入死結，無法在國際舞台上佔有道德的制高點，也無法在硬實力佔有戰略的制高點，因為多元化的國際格局正在快速形成，從中國到歐洲，從東盟到日韓，越來越多的國家都追求多元化的未來，也見證美國內部鬥爭的外溢效應。

外溢效應就是美國內部事務擺不平，失去了國際上對別國指手畫腳、說三道四的道德權威；一國之不治，何以天下國家為。當年艾森豪總統出兵消弭種族隔離，擁有全國支持的輿論，但今天拜登總統不敢派兵震懾德州，在於他面對只有三成八的支持率，失去了統治的正當性。但若特朗普年底上台，又無法獲得大多數的支持。兩個美國的內鬥，成為美國外交的死結。

拜登面對七傷拳效應反彈

　　拜登對美國資金投入中國高新科技的項目加以禁止，理由是國家安全，聲稱要避免中國利用美國的資本壯大在人工智能和量子物理等前沿科技的發展，也在各種芯片的發展上，拖慢中國的步伐。但恰恰在這個歷史的節點，越來越多的跡象顯示，拜登正在面對七傷拳效應的反彈，在美國和西方世界內部都出現反對的聲音，指出白宮誤判情勢，不僅得不償失，還刺激中國加速高新科技的發展，讓美國決策者事與願違，受到內傷，但又啞巴吃黃連，有苦自己知。

　　七傷拳的典故原出自金庸的《倚天屠龍記》，指出金毛獅王謝遜練成的七傷拳，殺着厲害，但也造成自己嚴重內傷，可說殺人一千，自損八百，但當局者迷，以為自擁絕世武功，可以笑傲江湖，殊不知害人終害己。這是當年小說家的想像，但在今天的國際舞台上，美國正施展七傷拳招數，拳風凌厲，處處針對中國，誓將中國打到一沉不起，沒想到事情的發展走往相反的方向。

相反的方向是推動中國「內循環」，在高新科技的發展上，自力更生，艱苦建國，強調要全產業鏈都操之在我，補鏈、強鏈，不被美國卡脖子。這等於中國找到一個破解七傷拳的辦法，不懼金毛獅王的毒辣招數。

　　拜登對中國的言論非常挑釁性，指中國經濟下滑，失業率高，是一個滴滴答答在響的定時炸彈，並說「壞傢伙遇到麻煩的時候會做壞事」，暗示中國大陸可能會藉此攻打台灣。北京則反駁指出美國的國際評級剛剛被調低，還在說別人，是選擇性的失明。

　　白宮的七傷拳看似傷害中國，但其實美國的高新科技行業受到強大衝擊，失去龐大市場份額，損害美國國家利益。這本代表英美資本力量的自由派刊物深知中美脫鈎，反而無法脫險，陷全球經濟於更危險的境地。

　　美國的芯片行業、資本集團和所有的高新科技行業在這次拜登的嚴厲禁令中受傷，讓美國過去雄霸天下的企業，成為「最容易受傷的公司」，無法在競爭劇烈的市場中「反脆弱」，而像「金毛獅王」謝遜那樣，摀住胸口，仍然人前人後的驕傲不堪，但背後卻是「辛

苦無人知」。

七傷拳的要害是長期的。美國要和中國在高新科技脫鈎，長期來說，既不損人，卻損害自己，因為美國的高新科技人才近二十年都是靠中國輸送，如今搞起了新麥卡錫主義導致大量的華裔專業精英離開美國，以免遭受有形與無形的歧視，碰觸職場上的天花板。

拜登害人也害己，搞「友岸」供應鏈，以為將很多美國在華的產業搬去東南亞和墨西哥等地，但後來卻赫然發現，拉美與東南亞的供應鏈在原料和關鍵的配件上都高度依賴中國，它們對美國的出口增加，但從中國的進口也飆升，很多標籤是「東南亞製造」或「墨西哥製造」的輸美產品其實都來自中國，只是中間轉手一次，看似有附加值，但整個價值鏈的重心還是中國。這使價格比以前更高，而美國消費者要承受這些額外的成本，導致美國的通貨膨脹升高。

這都是拜登泛政治化政策的結果，破壞了市場機制，以為可以損害中國的利益，卻損害了美國的利益。

美國對華的制裁與對俄羅斯制裁，使中俄關係更加密切。中國國防部長最近訪問俄羅斯，加強了軍事聯繫，雙方艦隊在阿拉斯加附近水域聯合演習，對美

國構成空前的挑戰。但令美國意外的是，中俄都在美國的制裁中逆向受益，中國藉此擴大了在俄羅斯的市場，在電動汽車、家用電器，由於歐美產品的退出，讓中國可以填補市場的真空，擴大自己的產能。而俄羅斯的能源也不再依賴歐洲市場，在中國找到了經濟春天的喜悅，彌補了失去歐洲市場的經濟冬天的痛苦。

這都是美國要面對的七傷拳效應，開始時損人害己，最後變成了損己而利人，背後其實是他的國安團隊的誤判，高估了自己的實力，低估了中國的韌性，錯估了國際的形勢，也錯估了全球產業鏈的中國角色，是其他國家所無法取代的。西方精英開始看清楚這些地緣政治的本質，但為時已晚，因為中美失去了互信的精靈已經從潘朵拉盒子釋放出來。美國的動作反而刺激中國立下決心，建立全產業鏈的獨立自主，要完全擺脫美國的羈絆，不怕拜登卡脖子。

這也是美國猶太裔政治學者阿倫特（Hannah Arendt）所指出的傲慢權力本質，最後要面對「迴力鏢效應」（Boomerang Effect），機關算盡太聰明，最後還是難逃龐大帝國內傷的宿命。

美國老邁政治與制度失靈

美國老邁政治的問題仍然在發酵。最令美國人民擔心的還是兩位總統候選人。民主黨的拜登已經超過八十二歲，不斷在公眾場合出現讓人尷尬的表現，如莫名其妙的摔倒、有時講話顛三倒四。但他堅持說自己身體健康，強調會代表民主黨競逐明年的總統大選。另一邊廂，共和黨最熱門的總統候選人特朗普今年也七十八歲，但鬥志絲毫不減，還是雄心萬丈，誓要重登總統寶座。

不過美國民意的大多數都認為這兩位政治人物已經太老了，不適合當總統。但在目前的遊戲規則下，總統並沒有退休年齡，只要他們獲得自己黨機器支持，仍可以出馬競選。

但老邁政治的問題不僅是生理上的，而是在心理上的泥守積習，無法制度創新救美國的沉疴。美國民意希望，必須走出舊有的思路，另闢蹊徑，而不是耽於既定的框架，才可以走出畫地為牢的政治僵局。

從歷史來看，現在美國陷入最撕裂的時刻，內部

問題嚴峻，也影響了外交走向，當然衝擊對華外交的變局。主要是民主黨的「白左」路線，將很多問題都緊跟所謂「進步派」的軌跡，導致城市管治敗壞，被「三毒」所困，包括「毒禍」、「槍禍」和「無家可歸」之禍。從舊金山到費城，從波特蘭到紐約，毒禍越來越肆虐，最新的合成毒品「芬太尼」，毒性比海洛英還強五十倍，但民主黨的州份越來越多要將毒品合法化，等於間接鼓勵吸毒，傳播「毒品無害論」，無視過去一年美國已有十萬多人死於毒品濫用，而今年的數字還會飆升到新高峰。

但共和黨的問題也不少，特朗普為首的右翼勢力出現一些反智的主張，如否認全球氣候暖化，認為這是左派的陰謀論，結果客觀上造成美國與全球的氣候問題惡化，極端天氣危害人類。同時，共和黨控制的大法官推翻了大半個世紀的判例，剝奪女性墮胎的權利，也使很多女性選民不滿。再加上特朗普信口開河，掩飾自己過去的桃色醜聞，而共和黨推動的金權政治肆虐，政治獻金沒有上限，也使得財閥可以背後操控政治。

美國的兩黨政治失去了過去的基本價值共識，變

成了一個撕裂的共和國，內耗嚴峻，雙方只是「搞選舉，但不搞管治」，讓城市的管治崩壞，治安惡化。老百姓失去了「免於恐懼的自由」，中產階級萎縮，讓昔日的「美麗之國」的魅力不再。

美國政治制度的失靈，也導致美國在外交舞台上失去了道德權威，無法站在道德的制高點在全球指手劃腳。昔日美國外交上最大的武器，除了赤裸裸的硬實力之外，還有水銀瀉地的軟實力，處處都顯示美國是一個「夢想之地」（Promised Land），是全球的典範，十八世紀法國作家托克維爾（Alexis de Tocqueville）的《民主在美國》（*Democracy in America*），寫出歐洲人眼裏的美國，擁有很多歐洲所沒有的優點，具有制度創新的優勢。這是十九世紀研究美國民主制度經典之作，但如今重看此書，很多美國人都會汗顏不已，因為恰恰是在二十一世紀初葉，美國正面臨制度失靈，陷入嚴峻內耗的窘境。

這與社交媒體壟斷民眾的信息結構有關。每個人都被很厚的同溫層包裹，陷入信息繭（Information Cocoon），圍爐取暖，形成了各自的「圈層」，彼此絕緣，找不到解決問題的共識。

一些研究美國政治的智庫認為，這些問題都要等待二零二八年才有機會解決，因為二零二四年的選舉幾乎肯定由拜登對決特朗普，無論誰勝誰負都會延續當下的痛苦，無法解開政治死結。這需要新一代人新的智慧，才可以脫離思想的泥潭，避免管治失敗的螺旋性急墮的悲歌。

這也成為美國外交痛點，難以在國際舞台延續冷戰勝利的餘威，而被朋友和敵人猜疑，為何美國內部管治倒退，一國之不治，何以天下國家為？美國外交的「世界警察」角色失去了正當性，只是靠簡單粗暴的軍力，沒有過去民主優越實踐的支撐，因為美國的制度無法保障人民的福祉，又有何能力與權利去干預其他國家？

這就是美國外交的盲點，內政失修，導致外交制高點的流失。對中國人來說，美國成為一個反面教材，雖信「美」而非吾土兮，曾何足以少留？中國人有信心在制度上有更多的創新，不再迷信美國模式，而是要超越前進，讓人民作出最後的判斷。

美國自我圍堵與政經撕裂

美國大選已經開打，但勝負未定之際，中國就成為箭靶被拜登和特朗普視為假想敵，雙方都在比較誰對華政策更兇狠。這都是民粹政治的惡果，禍水外溢，造成美國在國際上的自我圍堵（self-containment），將美國單邊主義延伸，形成權力的迴力鏢效應（Boomerang Effect），削弱了美國在國際的影響力，損害了美國企業利益，造成政經撕裂。

美國將美元武器化就是一大敗筆。本來美元作為國際通行的世界貨幣，是二戰後全球都承認的金融體制，但烏克蘭戰爭後，美國取消了俄羅斯和全球不和美國同一立場的國家使用美元支付系統 Swift，讓世人赫然驚覺美元資產的危險性，美元的交易也會被政治凍結，使得越來越多的國家開始尋找本幣交易，不再一面倒的、無條件的使用美元交易，而是開始另闢蹊徑，發展更多元的國際支付系統，推動金融的「去美元化」，也等於是宣告美元霸權的終結，而諷刺的，拜登政府卻成為他自己都不自覺的美元掘墓人。

全球新一波的「去美元化」，也從暗流湧動到波濤洶湧。全球南方和歐亞越來越多的國家在不同程度內警惕美國外交的雙標，「我可以你不可以」，損害了自由經濟的原則，動輒破壞自由市場經濟的機制，將國際貿易武器化，構建關稅壁壘，中國成為最大的受害者，產業鏈被美國制裁，人才被制裁，國家安全概念被泛化，美國的長臂管轄成為常態，也使得很多國家反彈。

最讓人感到意外的，是美國的盟邦也成為受害者。德國作為美國的親密戰友，卻不斷被美國忽悠，包括北溪油氣管道被炸、德國被迫要買美國昂貴的能源，導致通貨膨脹飆升，損害了自己國家的利益。另一方面，英國作為美國最親密的盟友，本以為脫歐之後可以依靠美國，彼此簽訂自由貿易協定，但迄今美國還是不和英國落實，也導致英國的通貨膨脹如脫韁野馬，讓民眾受害。

因此歐洲越來越多的知識分子都對美國不滿，深深體會在國際政治舞台上流行的說法：「做美國的敵人是危險的，但做美國的朋友往往是致命的。」證諸歷史，血跡斑斑。二零二一年，阿富汗的親美政權

在美國匆匆撤退時被拋棄，慘遭塔利班勢力的蹂躪。一九七五年，美國兵敗西貢，全面撤退，幾十萬南越部隊和親美的南越政府一夕崩塌。當然，很多中國人不會忘記一九四九年，美國政府也撕毀對蔣介石支持的承諾，讓南京國民政府倉皇辭廟，神州易手，花果飄零。中國要到鄧小平推動改革開放，才恢復經濟元氣，展示中國人的生產力和爆發力。

如今在美國對華的新一波圍堵中，中國當局還是展現風度和智慧，強調開放，習近平後來在會見美國大企業領袖時，重申中國改革開放的決心，並且加快開放製造業和金融業的步伐，讓國際企業可以分享更多中國發展的紅利。美國蘋果公司總裁庫克還前往上海的蘋果新設的旗艦店開幕，與「果粉」自拍，後來又到深圳考察掀起熱潮。

美國的大企業其實都對中國市場充滿了信心，星巴克和麥當勞、肯德基等都擴大了在中國的投資，從一二線城市擴張到三四線城市的「下沉市場」，爭取很多的市場份額，美國的大型量販網山姆店和開市客（Costco）都人山人海，折射中國上升的中產階級，是全球規模最大消費者市場，美商早就在中國布局，豈

容美國政府和政客的胡言亂語從中作梗。

　　這也顯示美國的政經撕裂，美國政府和政客們越來越不能代表美國跨國企業的利益。馬斯克的特斯拉在上海設立的超級工廠，生產力壓倒美國和德國的特斯拉工廠，不僅讓馬斯克感動、也讓美國企業家驚艷，理解中國已經躍升為全球最大的製造業國家，美國要重新回到製造業的軌跡，就不能失去中國。

　　這也是美國政治的盲點。選舉政治要不斷製造敵人來凝聚民意的支持，但企業家和經濟學者都在諄諄告誡，圍堵中國，等於是反全球化，違反了美國倡導全球化的原則。世界是平的，變成了世界滿布坑洞，讓美國人踩坑，不利於美國企業和美國人民。

　　中國的應變之道就是多元化準備，既堅持開放，訴諸美國的民眾，邀請美國大批的中學生來華訪問，但也重視內循環，強調自立更生，科技自主，避免被美國政客卡脖子。中國的企業也積極出海，發揮產能的最佳邊際效用，基建出海，輸出大國重器的產能，比亞迪也在墨西哥和印尼設廠。中國的餐飲連鎖店蜜雪冰城在東南亞開了四千多家，海底撈也在全球開店千餘家。中國的產業鏈如變形金剛，兵來將擋水來土掩，不懼任何美國逆全球化的挑戰。

美國面對單邊主義的反噬

　　美國正面對單邊主義（Unilateralism）的反噬。長期以來，美國都是單邊主義的實踐者，從特朗普到拜登都強調「美國第一」，視自己為世界的中心，認為美國是全球遊戲規則的制定者，要各國遵循美國「以規則為基礎」的世界秩序，順之者昌逆之者亡，但以巴衝突，美國卻踢到了鐵板，發現全球越來越多的國家都不吃它這一套，暴露了它單邊主義的短板，不僅無法匯聚西方國家的共識，還刺激更多國家公開反對美國和以色列，也在內部刺激更多的民意反彈，揭開了國際政治格局新一頁。

　　這都因為美國的權力慣性與傲慢，讓以色列成為了美國的「小祖宗」，被以色列右翼牽着鼻子走，在當前加沙危機中，難以約束內塔尼亞胡的濫權，將加沙約兩百萬人圍封，斷水斷糧斷電斷通訊，造成人道危機，結果導致全球的反對聲浪，不但阿拉伯世界和穆斯林國家義憤填膺，連西方國家內部的民意也起來抗議，認為兩百萬巴勒斯坦平民不應該和哈馬斯劃上

等號，面對被以色列滅族的厄運。

從倫敦十萬人的大示威，到巴黎群情洶湧的抗議，都看到西方輿情的轉變。紐約猶太人集會，控訴內塔尼亞胡的暴行等同對巴勒斯坦人的種族滅絕，警告不要「以我們的名義」來肆意施暴。

這是世界歷史罕見的行動，展現了超越族裔和宗教的人道主義情懷。就像法國知名小說家雨果在《九三年》所描繪的：在一切的革命原則之上的，是人道的原則。這是永遠不能忘記的，也是全球民意最新的爆發。

這也是對美國單邊主義的控訴，顯示美國外交政策上的結構性缺陷，一切都自我中心，要將自己的意識形態和利益強加於他國，無法尋求國際的共識，或是兩面三刀，出爾反爾，成為國際社會的亂源。如奧巴馬時代簽訂的氣候暖化的巴黎協定被特朗普推翻，而美國與中國簽訂的中美三個聯合公報也被特朗普和拜登偷樑換柱、陽奉陰違的扭曲，或明或暗的支持台獨，造成當下台海形勢緊張的局面。

事實上，聯合國秘書長古特雷斯就對美國和以色列的單邊主義予以譴責，指出當前以色列的加沙大轟

炸和圍堵造成兩百萬人的人道危機，違反了聯合國憲章的原則，但美國還是堅持站在以色列的一邊，不管國際和國內輿論的反彈，我行我素，導致美國失去了世界舞台的道德高地，也讓美國的國際形象快速流失。

相對地中國多年來都奉行多邊主義（Multilateralism），主張國際平等，彼此尊重，因而在最近的一帶一路論壇上，獲得一百五十個國家派出代表參加（全球共一百九十多個國家），展示獲得多數國家的支持，而以中國為主要推手的金磚國家組織也在近年擴容，獲得越來越多國家的支持。

中國的原則就是多元化文明、宗教和意識形態可以和平共存，不要搞集團政治，要發揮全球化的力量，開放貿易，推動更多基礎建設，造福人民，拒絕斷鉤斷鏈，互惠共贏，避免「零和思維」，不搞你死我亡，要追求多贏格局。

中國推動一帶一路十年，協助歐洲的克羅地亞建好海峽大橋、非洲建設蒙內鐵路、印尼雅萬高鐵通車，尼泊爾穿越喜馬拉雅山的互聯網電纜讓世人驚艷。美國過去幾十年，不但無法對外協助基建，連內部基建都欲振乏力，高鐵迄今是零公里，橋樑和隧道都年久

失修，背後就是黨派政治內耗，難以作出任何長遠的規劃。

美國單邊主義和中國多邊主義的分別，還在於美國是製造戰爭，中國則是創造和平。美國在烏克蘭挑動基輔反俄羅斯，不許澤連斯基與莫斯科談判解決糾紛，而是鼓吹戰爭，藉此來削弱俄羅斯國力，但最後害了烏克蘭，迄今烏克蘭已失去烏東四州，半壁江山被奪，而美國只是背後拱火，但仍不答應烏克蘭加入北約，以避免整個西方國家與俄羅斯大戰。烏克蘭等於被擺了一道，如啞巴吃黃連，有苦說不出。

而中國剛好對西方勸和不勸戰，背後發功，擔當魯仲連角色，讓伊朗和沙特化干戈為玉帛，扭轉了中東局面，創造了和平，為中東人民謀福祉。這都是多邊主義的力量，也是美國單邊主義的鏡子，照出美國外交政策的失敗。

前瞻未來，美國單邊主義的外交風格被各國「看破了手腳」，難以持續，為美國國家利益計，必須改弦換轍，要有多邊主義的氣度，也要有人道主義關懷，重視人民的基本權利，反對戰爭解決國際問題。

由於選舉政治和社交媒體的同溫層效應，美國政

治要不斷尋找假想敵，而中國變成了戰靶，但這是錯誤的選擇，在錯誤的時間，尋找錯誤的敵人。當前的單邊主義的反噬，也許會在美國內部響起外交的警鐘，警惕不要墮入道德權威急速下滑的危機。

美國面對華為逆襲啟示錄

華為毫無預警地推出新手機 Mate 60 Pro，在全球引起轟動，展示中國在美國的芯片全球封鎖下，可以自力更生，發展自己的高階芯片，不僅打破了美國的封鎖，還讓西方業界驚呼，中國是否在芯片行業找到「換道超車」的新賽道？

這其實是中國這十幾年發展的公開秘密。汽車業發展上，中國不再擠在內燃機為核心的汽油車，而是另闢新賽道在電動車大力發展，結果在不到十年的時間內，取得領先地位，產量冠全球，也開拓了歐洲和東南亞市場，並且中國在電動車充電樁的配套上，遙遙領先美國和其他國家，一騎絕塵。

高鐵發展上，二十年前，各方都推測中國的高鐵是採取法國模式、日本模式還是德國模式？結果中國結合各家之長，融會貫通，再創造自己獨特模式，發展自己的專利，如今「八縱八橫」，高達四萬多公里，成為全球高鐵冠軍。 這都是中國的發展特色，不是亦步亦趨地跟着別人的屁股，而是另闢蹊徑，超越前進。

如今在芯片的問題上，美國公開表示要卡脖子，不將高階的芯片賣給中國，聲稱要打殘中國的高新科技發展，但不旋踵間，中國最有創新能力、最有執行力的民企華為卻將美國打臉，讓正在北京訪問的美國商務部長雷蒙多尷尬不已，也殺得白宮措手不及。

　　從哲學的層次來看，美國從特朗普開始到拜登的對華制裁犯了兵家大忌，就是錯估了中國，低估了中國產業鏈的創新，高估了自己的領先地位，反而刺激中國發動舉國體制的力量，善用各種創新的靈感，尋求新的突破。這和冷戰時期的中國類似，曾經被西方封鎖，但卻沒有妨礙中國在重工業的發展。但最重要的是，這加速了中國全覆蓋生產鏈條，一切要國產化，不讓外部勢力有任何見縫插針的機會。

　　而中國的策略是綿裏針，不動聲息，不搞大動作，而是非常低調。外間估計，這次華為的突破，其實是源於曾經遍布中國的加密貨幣開礦機，有不少芯片裝置，這使得中國可以在開發高階芯片有更多的「試驗錯誤」（Trial & Error）的過程，最終攻堅成功，背後是中國民間企業的力量，不斷在不同的賽道上試驗，策馬入林，在國際殘酷的叢林法則中脫穎而出。

中國的另一個優勢就是擁有全球最龐大的工程師隊伍，近年中國每年大學畢業生高達一千萬人，逾一半是理工科專業，其中的俊彥之士都在中國科研突破上屢建奇功，如在航太事業的發展上，幾位指揮官都是八零後和九零後，讓全球矚目。中國被全球譽為「基建狂魔」，也是因為中國獨家發明了超越西方的「盾構機」，可以在挖掘隧道等高難度工程上，舉重若輕，並且技術輸出。在東南亞、非洲和歐洲諸國都可以看到中國工程隊的身影，為改善各國民眾的生活品質作出了貢獻。

事實上，現在全球的十大基建工程公司，中國企業佔了近一半，而美國則一家都沒有，這都反映美國的製造業和技術水平正在下降。拜登政府提出的萬億元國內基建計劃不但在國會難以通過，無法獲得足夠的預算，即使將來可以啟動，也面對沒有足夠的工程師可用，而必須聘用中國和歐洲的精英參與。

但中國的科學精英現在正在美國遭受「新麥卡錫主義」的迫害，面對種族主義的「獵巫」，如麻省理工學院的陳剛教授，被聯邦調查局污衊是中國間諜，遭監視軟禁調查，雖然獲校方很多教授力挺，但歷經

苦難才被釋放。這產生了寒蟬效應，讓全球華人的留美精英都有「此處不留爺，自有留爺處」之嘆，他們不少放棄了美國高薪厚祿，重返故園。普林斯頓大學終身教授、美國國家科學院院士顏寧就是典型例子，她放棄美國的一切，回到深圳，創建中國醫學研究院，獲得騰訊的巨款支持，研究中國的抗癌藥物，受到全球的關注，也展示中國的「歸雁效應」，可以將壞事變好事，讓中國的科學界凝聚更多的人才，更上層樓。

台灣的芯片人才，也在中國的突破上作出了貢獻。原任台積電的高層梁孟松在中國大陸芯片業的發展上出謀劃策，讓大陸的產業鏈建設累積了不少台灣經驗。兩岸一家親，台灣的新竹科學園本來就是人才輩出，他們不少都被延攬到神州大地，參與中國大陸芯片業的突破。

因而這次華為逆襲美國，帶來全球產業鏈的突破，也成為地緣政治的啟示錄，要對單邊主義的傲慢與偏見，予以無情的打臉，也為多邊主義的合作多贏，作出更多的示範效應。中美本來就可以合作雙贏，而不是彼此抵消。白宮的算計就像《紅樓夢》的王熙鳳，機關算盡太聰明，只害了卿卿性命。今天的卿卿就是美國的芯片業。

美國需要知華派避免誤判

二零二三年九月德國慕尼黑車展，中國的電動車成為光芒四射的明星，讓歐洲人驚艷，比亞迪和其他中國品牌佔了四成，展出很多前所未見的性能，而性價比之高，也讓歐洲車企瞠目結舌，發現這是難以逆轉的中國速度，中國電動車佔全球市場逾一半。

德國是內燃機汽車的發明者，擁有百多年汽車製造的經驗，是全球汽車業的龍頭，如今目睹越來越多的中國汽車出現在歐洲的高速公路，百般滋味在心頭，不得不承認中國汽車業「換道超車」的成功。

因為中國進入汽車行業，不是擠在汽油車的「紅海」中，而是另闢蹊徑，在電動車的「藍海」中開闢新的戰場，佔據發展的制高點，展現中國後發制人的特色。

後發制人也是華為的特色。過去一週，華為新型手機 Mate 60 Pro 成為全球熱點，不但顯示華為突破了美國的芯片封鎖，並且展示了華為的黑科技橫空出世，讓世人難以置信。這包括衛星通信功能、防水、可以在水面上凌空指揮熒屏的運作，遠距離攝影都超越現

在市面上的手機，而價錢不到七千元人民幣，勢將碾壓今年秋天推出的 iPhone15，讓蘋果 CEO 庫克徹夜難眠。

從華為逆襲到慕尼黑車展驚艷都顯示這是美國情報的失利，無法準確掌握中國真相，背後是美國缺乏真正的知華派，從媒體、智庫到決策者大多一面倒的貶抑中國，充斥着簡單粗暴的判斷，認為中國進入衰退，失業率奇高，企業家不滿習近平高壓政策，因為威權政治不獲人心的支持等等。

從《紐約時報》到《華爾街日報》，報道都是一片破敗的中國。但這次慕尼黑車展，西方媒體才赫然發現這個電動車出海的強大動力，中國港口要二十四小時加班才能將電動車運上集裝箱船隻。西方媒體無法解釋為何被看扁的中國，會有煙火氣經濟的狂潮，到處人山人海的演唱會，門票炒到百萬。被唱衰的中國民營經濟，二零二三年上半年的財報都顯示扭虧為盈，包括理想汽車、海底撈、瑞幸咖啡、攜程、華住文旅集團等盈利數字亮麗。但這些正面新聞不會在西方媒體出現，讓美國的決策者都處在一個坐井觀天的狀態。

這都因為美國研究中國缺乏知華派，不少駐中國

的美國記者不太會說中文，對中國的一切都戴上有色眼鏡，而外交官也都被內部意識形態的框框限制，無法做出真實的判斷，而只是依靠在海外的一些民運分子的資料，將中國妖魔化，結果就是一片的黑暗。

其實美國也有一士諤諤的學者，對美國主流媒體和政界的反華論調提出批判，認為這違反美國國家利益。這包括了哥倫比亞大學薩克斯教授（Jeffery Sachs）、芝加哥大學米爾斯海默教授（John Mearsheimer）、麻省理工學院喬姆斯基教授（Noam Chomsky）等美國大師級學者都不滿美國媒體與政府當局對中國誤判，充滿傲慢與偏見都是一種美國自大狂的表現。

歐洲企業界和政界也傳出和美國不同的聲音。荷蘭的光刻機製造商阿斯麥 ASML 的 CEO 溫寧克也在華為新手機爆款後，指出美國不能太「自以為是」，以為光憑自己的制裁就可以阻止中國高新科技的發展，只是一廂情願。英國政壇也開始轉向，外交大臣柯維立週前訪問北京，與中國外長會談，修補低迷的關係。英國首相蘇納克也在印度開 G20 大會時和中國總理李強晤談，都顯示歐洲不再只是亦步亦趨的跟着美國的步伐圍堵中國，而是認真思考自己的國家利益。

美國學術界研究中國本來就頗有底蘊，過去百多年間，美國都在中國的歷史巨變時扮演重要的角色。從太平天國到義和團事變，從支援抗日到介入國共內戰，美國都有大量研究中國的外交官和學者。哈佛大學的燕京學社、耶魯大學的雅禮協會都培育了很多中國通，但這幾年的中國通和美國的國內政治一樣，大多被意識形態所困，預存立場太強，無法看到這十年間中國的巨變，勵精圖治，力圖用精細化的管理，提升人民的生活品質，以黨治黨，消除貪腐，而民間的創意無限，孕育不少白手興家的企業家，從抖音的張一鳴到希音的許仰天都是普通家庭出身，沒有背景，卻可以在競爭激烈的商海中脫穎而出，身價數以千億計。這是中國夢的體現，也展現中國人強調教育和終身學習的巨大動力，都在每一天改變中國社會。

　　但美國的意見領袖和官員被太多台獨和港獨勢力所包圍，被「餵食」很多不準確的資訊，將中國的發展全面抹黑，而看不到中國的優點，就是將舉國體制與市場彈性結合，宏觀與微觀兼顧，以人為本，既解決當下的難題，也長遠布局，推動結構性的變革，加強基建，形成一個良性循環。這是美國知華派不會不知道的現實，也是現實呼喚更多美國知華派的時刻。

美國校園抗爭的歷史輪迴

歷史總是奇特地輪迴。五十四年前，也就是一九七零年的五月四日，美國俄亥俄州的肯特州立大學（Kent State University）校園，學生在反越戰的示威中，被國民警衛軍進入校園射殺，導致四人死亡、九人受傷的悲劇，事件成為美國政治的分水嶺，原來支持美國介入越戰的政策開始逆轉。

這是血淚的教訓，那一張大學生被子彈擊中、同伴驚呼的照片，是美國嬰兒潮世代永遠難忘的鏡頭，也是美國反越戰運動的歷史定格，全國四百萬人走上街頭示威，群情洶湧，抗議遠方戰爭的殺戮，也拒絕當局發出的徵兵令，不要讓美國的年輕人在亞洲的戰場上灰飛煙滅。

這次國民警衛軍進入校園殺人事件，讓美國民意開始改變，思考冷戰的基本假設是否合理。過去，很多美國人認為介入越戰可以防止亞洲被「赤化」，但在校園殺人事件之後，民意的風向開始轉變，很多美國人認為越戰是一場不正義的戰爭。

不正義是因為美軍的濫殺無辜，一九六八年三月十八日發生的美萊村越南人民被美軍屠殺事件，至少兩百多平民被殺，包括婦孺，還有婦女被強姦，但卻被美軍掩蓋，在一年多後才被揭發，引起民意的震盪。儘管當時尼克遜（尼克松）政府態度強硬，並且發動媒體稱抗議學生被「共產黨勢力」操控，但民意沸騰。這種抹黑學生的行徑，和今天拜登政府如出一轍。

揭發美萊村醜聞的是《紐約客》記者赫許（Seymour Hersh），他獲得美軍攝影師的獨家照片與秘密的消息來源，重現屍橫遍野鏡頭，觸目驚心。這將五角大廈掩埋得很深的慘劇公諸於世，見證了戰爭的殘酷與荒謬，也令赫許在一九七零年獲得普立茲獎。而幾十年後，這位記者也揭發了美國密謀炸毀德國與俄羅斯的北溪管道，再度名揚世界。

美國的五月是殘酷的季節，今天風起雲湧的學運與五十四年前的校園慘劇連結起來，以人道主義的悲情，抗議血腥的謊言，反擊不正義的戰爭機器。

法國作家雨果說，在一切原則之上的人道主義原則，是至高無上的。

今天加沙的悲情和昔日越戰的悲情匯流，都對抗

反人道主義的殺戮。美國當下的學運被一些主流媒體抹黑為反猶主義，其實參與抗議的師生不少是猶太人，他們都不滿以色列內塔尼亞胡政權在加沙無差別殺害平民，敗壞了以軍形象，損害了以色列的國家利益。

這就好像當年美軍在肯特大學和美萊村的殺戮，以愛國之名，行害國之實，不僅敗壞了美國的名聲，更損害了美國的國家利益。這是歷史的輪迴，也是美國人午夜夢迴、揮之不去的道德陰影。

兩岸三地風雲

周處除三害新效應

　　沒有人想到，在兩岸關係低迷的時刻，在金廈海域陷入緊張之際，台灣社會背景和台灣明星的一齣低成本的黑幫電影《周處除三害》卻在中國大陸爆紅，從二零二四年三月一日公映以來，到三月十二日，已經突破四億元人民幣（約五千六百萬美元）的票房收入，打破其他新春賀歲片的紀錄，也顯示一種奇特的化學作用—中國大陸民眾對於台灣社會的強大的好奇心，對於寶島的風土人情和一草一木，從黑幫的葬禮到派出所的作業，從關聖帝君的擲筊問卦到台中髮廊到澎湖的海灘，都有獨特的吸引力。這背後都顯示兩岸揮之不去的文化臍帶，有更多的共鳴，分享人性善惡探討的傳奇，也開拓中國大陸民眾對台灣的想像空間，超越了政治的意識形態，回歸民間的親切的「共情」。

　　由台灣小生阮經天演出的《周處除三害》是源於一個台灣黑幫的真實故事改編，由 Netflix 的資金製作，在香港和台灣上映時票房表現平平，但在中國大陸卻意外引爆熱潮，不僅口碑載道，更在豆瓣獲得八點一分的

高分評價。前中國《環球時報》總編輯胡錫進發文表示，讓有人情味、正義感的通緝重犯成為電影主角，中國本地大概無法拍出來，但中國能夠播放這部電影，說明政策面上完全可以接受這種故事的複雜性。

《周處除三害》能成為中國票房黑馬，主要在於其突破了中國銀幕上的種種禁忌和限制。電影中不乏血腥暴力鏡頭，更觸及了邪教迷惑信徒的敏感題材，這些元素在中國電影市場上可謂稀缺，因而引發了觀眾的好奇心和興奮感。《周處除三害》巧妙地將古文典故與黑幫復仇、追逐纏鬥、暴力美學等元素結合，並加入了黑醫、邪教等在中國被視為禁忌的內容，對於長期缺乏接觸此類題材的中國觀眾而言，無疑是一種新鮮且刺激的觀影體驗。豆瓣上的一些高排名短評表達了觀眾的驚喜之情，例如「跟這比起來，春節檔全像小學生的作業」、「靈修中心大開殺戒那場戲開年最佳，有刮骨療毒功效，痛快！以及，這種尺度居然能上內地院線，牛哇。」等等。

中國大陸觀眾看《周處除三害》，有一種莫名的既陌生又熟悉的感覺，看到台灣警察局內部的作業方式，以及刑警追緝逃犯的勇猛與無奈的過程，都會心

有戚戚焉，那些台灣黑幫的儀式感和作派、台灣桃園、台中等城市的街頭、髮廊等，都會興味盎然。更讓大陸觀眾喜歡的還是在澎湖的場景，主角在島上陷入邪教組織的迷網，差點葬身島上，但最終還可以血腥反擊，射殺教主和那些拒絕離開的信徒，血流成河，都是中國大陸電影不可能出現的鏡頭。

電影的主角陳桂林（阮經天飾演）本來是黑幫殺手被通緝，由於他不滿在三大通緝犯中名列第三，又在被告知是肺癌末期的絕望心境中，要獨力找出其他兩位通緝要犯，展開了一場奇特的「通緝犯追緝通緝犯」的戲碼，過程詭譎離奇，劇情反轉又反轉，形成巨大的戲劇張力。

電影的纏鬥鏡頭也展現了獨特的暴力美學，善用光影的陰暗對照，從大街到巷弄的轉角，從樓房的高處躍下到水中的翻騰，都展示了精妙的設計與細節的考究。讓觀眾印象深刻的是髮廊刮鬍子的一幕，惡犯「香港仔」差點用刮鬍刀向陳桂林下手，而後者也暗中擎槍發射，卻在關鍵時刻被臨時檢查違法停車的警察化解，讓觀眾捏了一把冷汗。

其實這部電影也有香港元素，編劇和導演都是香

港中生代的電影導演黃精甫，他曾導演過黑幫片《江湖》和《阿嫂》，電影語言別具風格，拍出黑幫殺手的複雜人性，也掌握邪惡背後的天真。陳桂林歷經惡鬥，殲滅惡魔「香港仔」，救出被長期禁臠的小美（王淨飾演），將她送到安全的海邊，互訴衷曲，海天一色的蔚藍，不堪回顧的生命痛史，但男主角並沒有和女主角連袂遠走天涯，而是瀟灑與女主角說再見，不要耽誤這位美女的前程，這一段拍得浪漫與感人，以淡淡的哀愁，稀釋了殘忍暴力的底色。

這都展示黃精甫的功力，把握到黑幫片的精髓，在猛烈的動作中滲透柔情，在血色中折射粉色的幻影，形成了剛柔並濟的魅力。

由於中國大陸對黑社會的嚴厲取締，民眾不可能看到台灣黑道公開葬禮的場面，也鮮見警匪槍戰與冷血的開槍殺戮，都讓神州大地的民眾眼界大開。

這電影的男主角阮經天早年也演過台灣地方色彩濃厚的《艋舺》，曾被視為偶像劇的帥哥演員，但如今擺脫了偶像的包袱，以精湛的演技表現一位殺手內心世界的單純與複雜，讓大陸觀眾擊節讚賞。他在片中戴上祖母留下給他的台幣三百元（約美金十元）的

粉紅色塑膠手錶，也在中國大陸的網絡上爆紅，成為電影意外的周邊商品。

他最後要立下決心去追殺其他兩位通緝犯，也是經過他對關聖帝君的擲筊問卦，展現中華民族的民俗和文化特色，也讓大陸的民眾高度「共情」。

其他的台灣演員謝瓊煖（飾演黑幫地下醫生張貴卿）、香港演員袁富華演的殘暴的通緝首犯香港仔、飾演第二號通緝犯林祿的台灣演員陳以文，都施展渾身解數，入木三分，令觀眾動容。

《周處除三害》製作成本僅為一千萬人民幣，屬於低成本製作。儘管沒有炫目的特效和先進的人工智能技術加持，也沒有高昂的明星片酬，但影片卻以其精巧的設計和巧妙的處理，為觀眾呈現了一部令人驚心動魄的作品。導演黃精甫在影片中設計了幾場驚險的追逐和激烈的打鬥場面，無疑是整部電影最具挑戰性的部分。然而，在導演的巧妙設計和精心安排下，這些場面都被處理得非常出色，讓觀眾始終處於高度緊張和興奮狀態，甚至感到喘不過氣來。

本片也開拓了兩岸三地合拍片的範例，就是各盡其才，各取所得，發揮高度融合的協同效應。即便片

子有一些道德上的曖昧之處，為何讓男主角在擊殺邪教組織的教主之後，沒有告訴信徒有關教主欺詐的真相，就開始倒數計時，要教徒要麼離開，要麼就陪葬被擊殺。這一段劇情違反常理，徒然只是想製造濫殺無辜的荒謬場面。

大陸的觀眾也少有可以看到台灣執行死刑的場面。在行刑之前，讓受刑人在眾目睽睽之下先飽餐一頓，享受香煙，再伏在床墊上，由法醫驗明左邊心臟的位置，劃上記號，才由劊子手近距離開槍，一槍斃命。這段充滿儀式感的現實主義鏡頭，體現了罪與罰的最後結局，劇力萬鈞，也震撼觀眾的心弦。

香港變革毋忘吸納兩岸優點

在過去大半個世紀，香港在社會治理和發展上大都領先台海兩岸，人均 GDP 更是大幅領先。有些香港人內心深處都有些潛意識的夜郎自大，瞧不起台海兩岸，自以為是最優秀的城市，但到了今天，兩岸的發展也不斷創新，香港人需要實事求是，研究兩岸有很多值得香港學習和效法的地方，在市政變革上，見賢思齊，而不是坐井觀天，成為井底之蛙。

深圳最近開張的美國會員制量販店巨型的 Costco（開市客）和山姆店（Sam's Club）吸引了大量的香港人前往消費，人山人海，排隊幾個小時，讓不少香港人發出靈魂拷問：為什麼深圳可以有這麼大的量販店，而香港沒有？尤其是這兩家店都來自美國，在中美關係低迷之際，更彰顯中國市場的競爭力，可以在大灣區形成磁吸作用，即便現在電商厲害，但現場的體驗，以及無條件的退貨，讓消費者的黏性極高，成為成功的商業模式。

當然，中年的香港人也不會忘記，香港以前也曾

有國際大型量販店，如法國的家樂福（Carrefour）和美國的沃爾瑪（Walmart）都曾經在香港出現，但無論是家樂福的大展拳腳，還是沃爾瑪的小試牛刀，最後都是鎩羽而歸，背後就是不敵香港的昂貴租金，被地產商的暴利絞殺。

但到了今天，香港的房地產低迷，租金下滑，國際的大型量販店是否可以掌握良機，抓住香港和大灣區消費者的心？

台灣的量販店也很流行，家樂福在幾個城市的表現都不俗，消費方式成為民眾的生活方式。為何量販店兩岸都可以，而香港不可以？

這都是香港城市競爭力的一環，不能掉以輕心。為何一個七百多萬人口的城市，每年有數以千萬人次遊客的香港，都無法出現一個大型量販店，而讓這個市場拱手讓給深圳和大灣區其他城市，消費力流失，值得香港當局反思。

另外一個香港要反思的是市政變革，須善用網約車的力量，提供市民更方便的出行服務。大灣區的網約車非常發達人盡皆知，而香港去台灣觀光的遊客也赫然發現，在桃園國際機場就有 Uber（優步）的大型廣

告，而 Uber 的價格有時候比一般的計程車還便宜（視乎不同時段），這都讓台灣的消費者喜歡坐 Uber。但香港政府對網約車的態度還是非常曖昧，曾經在司法上對司機加以檢控，然而在實踐上卻隻眼開隻眼閉。這導致香港政府大量的稅收流失，在當前香港政府面對赤字危機的壓力下，都是匪夷所思，罔顧每天數以萬計的交易單數，施政者必須尋找合法化的途徑，而不是自欺欺人的拖延下去。

事實上，香港計程車司機的素質良莠不齊，早已是不爭的事實。香港警方最近的嚴打行動，「放蛇」追查「黑的」司機的濫收車資和拒載行為都大快人心。由於的士車牌價格高達幾百萬港幣，形成一個龐大的既得利益集團，對港府形成壓力，不敢大刀闊斧改革，也不願明快引進網約車來加強競爭，導致香港市民的利益受損，也不利政府的稅收結構。如今之計，就是要打破陳舊的格局，善用網絡時代的力量，一切都以市民的利益為依歸。

最近香港的士業加強了電子支付就是一大突破，避免乘客到達目的地之後，還要花時間掏錢付款，為找零錢而煩惱，費時失事。但網約車已經是世界潮流，

香港的精英階層大部分出行都依靠它，因為乾淨可靠，一切交易都有清楚的紀錄，香港亟須盡快開放市場，不能讓 Uber 一家獨大，而是讓中國競爭激烈的網約車平台，都可以來香港自由競爭，從「滴滴出行」到「曹操專車」都可以逐鹿香江，讓市場機制的優勝劣敗，一舉解決香港人出行的痛點。

香港人的另外一個痛點，就是公共交通的數字化不足。香港人到台北，會發現公共汽車的站牌都有電子信息，說明每一班車到站的確切時間，讓乘客可以充分掌握，而香港的巴士站，基本上都還沒有這樣的設施，往往讓乘客「癡癡地等」，巴士公司說可以下載 App 查詢，但大部分年長的乘客不會操作，反而台北市的公共汽車，在這方面比較先進，他山之石，可以攻錯，值得香港交通當局學習。

兩岸三地其實都是彼此的鏡子，香港政府當局對於兩岸的市政建設與管理方式，都應該非常關注，見賢思齊，不能踟躕不前，驕傲自大，而是要虛心學習中國大陸與台灣的先進之處，從國際大型量販店的設立到網約車的普及，從公共汽車的數字化到巴士站牌的全面電子信息化，香港都需要不斷的反思，為何兩岸能、香港不能？

兩岸中華文化逆轉的歷史諷刺

一九七八年，中國改革開放的元年。當時中美還沒建交，但少數中國大陸年輕精英都來到美國留學讀研究生，他們都是公派生，要了解美國最新的發展，但也暴露了他們知識結構的缺陷。

這些中國大陸年輕精英與台灣在美國的留學生互動的過程中，被發現他們對中華文化的認識非常膚淺，遠遠落後於台灣，無論是基本的歷史典故、用詞遣句、很多成語的運用，都不如來自台灣的留學生，有時候甚至鬧出了笑話。如台灣學生會問：「您府上是哪裏？令尊是做什麼工作？」結果大陸學生會回答說：「我府上是山東，我的令尊是老師。」這些對「敬語」無知的回答，都讓台灣的留學生忍俊不禁。

七十年代台灣學生從小就熟讀唐詩宋詞、經史子集，都是大學聯考的必考，因而處處顯示中華文化的底蘊，而大陸學生歷經文革和政治運動，即便最優秀的學生，都深受傳統文化斷層之苦，往往陷在「革命」的語境中，寫文章都是奇怪的歐化語法，如「不可戰

勝的中國人民」（硬譯 The Invincible Chinese），出現歧義。台灣留學生就會調侃說：「不可戰勝」就是失敗了，難道說中國人民失敗了？

台灣在一九四五年光復之後，中華文化成為主旋律，不僅國語運動如火如荼，中華文化的經典也是必修科目，錢穆等國學大師被蔣介石奉為國賓，中小學生對於古詩詞都朗朗上口。六十年代中國大陸爆發無產階級文化大革命，寶島則推動「中華文化復興運動」抗衡，展示台灣才是中華文化的道統。

但歷史的反諷是，到了二零二三年，兩岸的中華文化地位大逆轉。台灣「去中國化」的逆流越演越烈，新一代被台獨的課綱所誤導，對中華文化失去了感情，二零一九年疫情期間，綠營的「一零八課綱」更將很多教科書的經典範文取消，如范仲淹的《始得西山宴遊記》、《岳陽樓記》等都被廢除，讓北一女老師區桂芝痛批「無恥」。

相反地，過去十幾年間，中國大陸全力復興傳統中華文化，揚棄了過去馬列史觀解釋中國歷史的弊端，新一代都大量背誦唐詩宋詞，電視上普及中華傳統文化的節目，如《中華好詩詞》、《典籍裏的中國》等

都膾炙人口。中華文化重返神州大地，並且在新的載體上，以深入淺出的方式呈現，如小紅書、抖音等的短視頻，都有大量的中華文化精華普及化的作品，如「意公子」、何楚涵老師等的詮釋，都深入淺出，深受年輕人的喜愛。

　　對全球華人來說，兩岸中華文化盟主地位的逆轉，令人五味雜陳，既慶幸神州大地重返漢家詩書的世界，但卻痛惜寶島陷入反中仇中的漩渦。也許要待將來綠營路線逆轉，才可以讓被顛倒的顛倒回來。

兩岸新世代・小紅書・網絡奇緣

台海兩岸的政治是一個死結？中國結、台灣結，似乎糾結很多，但千迴百轉，卻在網絡的世界出現意外的轉機，因為越來越多的兩岸新一代可以在網絡上相遇，從文化與娛樂開始，衝破了看似無解的政治死結。

由於時尚或是強烈的好奇心，兩岸年輕人都會在網絡上邂逅，也許只是一次網購，或是看一場電影或是電視劇的筆記，都會無意中看到對方的網絡身影，看到一些「一模不一樣」的文化特徵，也看到一些自己都看不清自己的特色。

最受觸目的是台灣新一代都喜歡逛總部設於上海的「小紅書」社交媒體平台，看中國大陸多元化的生活方式，看五花八門領域的最新變貌，分享對美好生活的想像。由於小紅書瞄準新世代，重視生命中被忽視的「情緒價值」。從美妝、美食到旅遊，都帶來在臉書和 IG 上所沒有的感受。

網絡專家指出這是由於小紅書的算法（Algorithm）

獨特，可以精準發現用家的需求，即便是小眾的興趣，也可以很快「圈粉」，擴大影響力。而這也擴大了台灣新一代的「朋友圈」，超越了兩岸政治的隔閡和蕭殺，可以交上對岸的朋友，分享生命中的「好玩」之處。小紅書的 App 下載量一度高踞台灣的第一位，成為新世代的最愛。這也和小紅書在中國大陸定位趨同，都是以九十後為目標，尤其是女生，都是忠實的用戶。

生活上的興趣也和娛樂結合，甚至被視為「娛樂聖經」，往往「比你更了解你」。這也帶來了新的商業模式，小紅書的「帶貨力」強大，讓很多中國大陸的「國潮」化妝品都在台灣培養起一大批粉絲，並且商業效應從線上蔓延到線下，有些藥妝店還要強調這是小紅書推薦的產品，滿足很多台灣女生的需求。

但小紅書的社交屬性，也使得它在寶島內部的影響力延伸。台灣的 Z 世代（一九九五年到二零一零年出生）不僅用小紅書來交朋友，還可以用來找房、找律師，成為生活中重要的人際關係平台。台灣有些中小學生甚至表示，人生的夢想就是成為小紅書的時尚博主。

這也使得長期倡導「反中保台」的綠營勢力忌憚。

民進黨立委林楚茵就曾經公開警告，長期使用小紅書會讓台灣的年輕人受到政治影響，會從「天然獨」變為「潛在統」。

小紅書追求精緻生活的美學，意外地凝聚了兩岸的新一代，衝破意識形態的圍牆。台灣的新生代不曉得誰是林覺民，不曉得為何馬英九要為他的《與妻訣別書》哽咽，但卻曉得「完美日記」的口紅色號，也熟悉「氣味圖書館」的香水味道。只要兩岸的青春可以交集，兩岸和平的未來就不再是夢。

兩岸新生代的網絡邂逅

這是兩岸微妙的緣份。他們的背景迥異,從沒謀面,但卻在網絡上成為電競的夥伴,徹夜廝殺對打,或友或敵,亦敵亦友,但最後都惺惺相惜,成為好朋友。也許有一天,他們會相約在線下見面,成為無所不談的好朋友。

這是兩岸網民邂逅的典型場面,他們很多都因為「英雄聯盟」、「和平精英」等電玩軟件,而在網絡上結緣。儘管文字上有繁簡之別,用詞偶爾不同,但卻很快可以溝通。這都因為背後是同文同種、血濃於水的情緣,衝破政治上越來越蕭殺的氣氛。

對於不少台灣女生來說,中國大陸的「小紅書」和「抖音」都是生活上的剛需,她們每天花了很多時間在這平台上,探索中國大陸多彩多姿的生活方式,發現有關美妝和時尚美學的一切,感受彼岸同齡人的步伐與心跳,被中國國潮化妝品的高性價比所吸引,熟悉「完美日記」、「彩棠」、「花西子」、「橘朵」等品牌。她們看完了小紅書的美妝攻略,就會往淘寶

或拼多多下單，享受中式美學散發的魅力。

儘管台灣當局最近禁止台灣旅行團到中國大陸，但網絡上兩岸民間的往來不絕如縷，衝破政治的路障。台灣民眾即便暫時不能組團赴大陸，但他們卻可以在小紅書和抖音上臥遊神州大地，從近在咫尺的廈門和上海，到遙遠的內蒙和新疆，都可以在社交媒體上零距離接觸，如親臨其境，更可以留言互動。

台灣綠營政府去中國化，要消除教科書的課綱的中華文化元素，減少文言文，但不少新一代反而有一種逆反心理，在中國大陸的小紅書和抖音上，找到飄遠了的唐詩宋詞和經史子集。台灣不少民眾喜歡看中國大陸的「意公子」、何楚涵等闡述詩詞歌賦的視頻，愛上綜藝節目的《中華好詩詞》與《典籍裏的中國》等節目，讓在台灣失去的文化中華，可以在中國大陸的網絡平台上「失而復得」。

這也是兩岸奇特的緣份，也是歷史的顛倒。六七十年代，中國大陸被「破四舊」和文化大革命的旋風席捲，傳統中華文化被摧殘掃蕩，而蔣介石當年在台灣提倡「中華文化復興運動」，是捍衛傳統文化的燈塔，但大半個世紀之後，形勢逆轉，台灣今天的民進黨政

權自廢傳統，文化自宮，反而中國大陸掀起了傳統文化熱潮，重視創造性轉化，身體力行，建立強大的文化自信，倒過來吸引寶島的新一代。

只有回歸文化中華的氣場，兩岸的政治紛爭才可以找到解方。在李白和蘇東坡的詩詞中，在杜甫和白居易的名句中，兩岸民眾驀然回首，才發現在文化的燈火闌珊處，映照了台海和平與兩岸繁榮的願景。

金廈融合倒逼台海兩岸和平

金門和廈門就是地理上與血緣上的孿生兄弟。兩門遙遙相望，但卻被軍事和政治分割了大半個世紀，如今民間的活力，加強彼此融合，意外地倒逼台海兩岸和平，遠離戰爭。

因為金門和廈門都經歷了太多政治的血腥。一九四九年，金門的古寧頭戰役，國共兩軍浴血激戰，解放軍九千多人傷亡，國軍也是傷亡慘重，成為雙方的最痛。

但歷盡劫波兄弟在，相逢一笑泯恩仇，到了二十一世紀，金門廈門民間的交往非常密切，而廈門更從過去軍事前線變身為經濟前線，城市變革一日千里，地鐵開通，橋樑紛紛建成，成為福建繁榮的明珠，而相對地金門就建設緩慢，成為台灣的政治孤兒。

民進黨高層就曾經倡言「金馬撤軍論」，認為「中華民國福建省」的金門只是一個「拖油瓶」，破壞了台灣建立「新而獨立的國家」的「鴻圖大計」。

但歷史上，蔣介石和毛澤東早就有政治智慧，面

對美國人施壓要國軍撤離金門馬祖，這兩位死敵卻建立異常的默契，將雙方的炮戰變成了一種「儀式」，單日開炮，雙日停炮，維持一種「內戰」的張力，以抗拒美國要搞台灣獨立的企圖。

因為蔣毛二人說到底都是強烈的中華民族主義者，都不會答應台灣與中國大陸永久的分裂。

面對統獨之爭，越來越多的金門人用腳來投票，前往廈門購房，成為昔日敵人根據地的業主，以實際行動，加強金廈的融合。這兩個城市本來歷史上就同屬一縣，親戚家族血濃於水，豈容政治綁架親情，也不許軍情顛覆商情。

廈門正在興建的翔安機場，距離金門才一公里半，是中國第三大的機場，僅次於上海浦東機場和北京大興機場，可以通往全球。金門人出國，不用再到幾百里外的台北，而是可以善用附近的廈門。

金廈發展一日生活圈，是地緣的優勢，也是地緣政治的緣份，讓全球發現，原來中華民國的土地，和中華人民共和國的土地，如此緊密相連，人民也是密切往來，堅決拒絕政治，要擁抱和平。他們的融合經驗，將推廣到台灣，倒逼台海兩岸的和平，遠離戰爭，

就從民眾的共同生活開始。

　　生活不僅是詩和遠方，還有柴米油鹽，還有很多的利益和糾結，都要透過實踐去解決。廈門和金門的融合的經驗，如「新四通」所推動的通電、通水、通氣、通橋，都是急民之所需，而就業資格的認定，法律地位的彼此承認，都是要在具體的過程中去磨合，才可以實現兩岸的和平與融合。

尋找台海風浪中的定海神針

　　拜登總統要利用台灣來牽制北京，已經成為公開的秘密。華府的軍援和軍演的設定，要用焦土政策，以台灣為棋子，消耗中國的國力，重演烏克蘭模式，企圖重創解放軍，不惜寶島淪為一個焚燒的島嶼。

　　這改變了過去國軍「拒敵境外」的戰略構想，而是設定要打巷戰、城鎮戰。這都是台獨勢力與美國鷹派結合的終局思維，要魚死網破，玉石俱焚。但更多理性的台灣民眾開始思考其他的選項，因為焦土政策不利於台灣人的利益，而只是滿足美國人的戰略利益。美國人不會派兵來台助戰，而只是提供武器。就好像在烏克蘭的戰場一樣，只有美國的武器，而沒有美國的士兵。

　　這就是現代的代理人戰爭的本質。背後的大老出錢不出人，讓小弟在前線廝殺，坐收漁人之利。美國記取韓戰與越戰的血腥教訓，採取了「新全球主義」，要遙控各地的利益，可以出錢，但不出人，以免在選舉政治中反彈。

當前中美關係的特色，就是「冷和」，彼此的產業鏈還是交叉重疊，但又在某些領域搞制裁脫鈎，既敵對又合作，形成一種新的國際關係。中國也在這種新型的挑戰中，將計就計，倒逼自己補鏈、強鏈，不受美國制裁的脅迫。如華為最近逆勢反彈，宣布自行設計 5G 芯片成功，不受美國制裁的影響，而是自力更生，操之在我。

　　從這種邏輯出發，台海越來越多的聲音都在吶喊，要尋找兩岸新的關係，自行解決歷史遺留下來的問題，用中華民族的智慧，尋找融合，拒絕兵戎相見，不要被外人見縫插針，挑撥離間，最終死傷的都是炎黃子孫，可説情何以堪。

　　親情、商情與愛情的密切交流，其實就是兩岸的定海神針。最近馬英九基金會邀請中國大陸的學生訪問台灣，讓兩岸新一代深入交流，了解對方的一切，而不是被很多上一代的仇恨與偏見所誤導。見面三分情，同齡人之間，往往可以爆出很多情感的火花，也許是變成無話不談的知己，也許是談一場轟轟烈烈的戀愛。當兩岸的年輕人之間都是好朋友，台海就不會有硝煙四起的危險。

美國要在台灣實施焦土政策，第一個受害者就是要當兵的台灣年輕人。民調顯示：他們絕大部分都不願意恢復徵兵制，遑論要為台獨和美國焦土政策走上戰場。

　　無論藍營還是白營，都有避免台海捲進戰爭的主張，也將獲得更多新一代的支持。

跳出和平的舞步・唱出拒戰的歌聲

　　兩岸青年最新的共同語言是「科目三」？源自廣西梧州一場婚禮的熱舞，意外地延燒中國，也風靡國際，點燃了草根的土味狂潮。但更令人意外的是，台灣很多的新一代都被「科目三」莫名的動力所感染，喜歡祝何作詞《一笑江湖》的背景音樂魅力，在台北市的寧夏夜市舉辦一場「科目三」的公開比賽，引爆了一場「舞統台灣」的風暴。

　　綠營的媒體發動攻擊，說這是被中國大陸「統戰」，「舞統台灣」就是「武統台灣」的前奏，在網絡上狂轟猛炸。台北市長、蔣介石的曾孫蔣萬安被媒體問到這一爭議時，坦言自己也會跳「科目三」，說如果一個「科目三」就能夠所謂「舞統台灣」，那麼台灣的流行文化早就統一對岸。他補充說：「我們要對自己的多元文化有信心。」

　　其實兩岸民眾都對雙方的流行文化有信心，也早就融為一體，不分彼此。今年初在中國大陸紅火的王家衛導演的電視劇《繁花》，就用了很多台灣的流行

曲來當配樂，蕩氣迴腸，讓觀眾癡迷，包括了綠營政客最喜歡的、葉啟田原唱的《愛拼才會贏》、張雨生的《我的未來不是夢》、費翔的《冬天裏的一把火》、黃安的《新鴛鴦蝴蝶夢》等，都是從台灣傳入大陸，隨風潛入夜，潤物細無聲，早就家喻戶曉，如今《繁花》數以億計的中國大陸觀眾中，都覺得這是他們的歌曲，都不分兩岸。

更不要說台灣的鄧麗君的《月亮代表我的心》、羅大佑的《滾滾紅塵》、蘇芮的《酒干倘賣無》、童安格《其實你不懂我的心》、李宗盛的《鬼迷心竅》、辛曉琪的《味道》、齊豫的《橄欖樹》、周杰倫的《菊花台》等台灣流行曲，都是中國大陸 KTV 的熱門「神曲」，傳唱不絕。很多的學校或單位舉辦晚會，最後結束時都喜歡合唱羅大佑作曲的《明天會更好》，在悠揚的歌聲中踏上歸途。

這也是民間中華的力量，超越政治的爭論，擺脫意識形態的分野，在「科目三」的魔性舞步中，在《愛拼才會贏》的閩南話音符中，台北寧夏夜市的民眾，和上海外灘的老百姓，都在分享中華民族的文化結晶，跳出和平的舞步，唱出拒戰的歌聲。

這是兩岸融合的機緣。台灣新一代越來越喜歡上TikTok 和小紅書，在短視頻的平台上，兩岸其實有更多交流的機會，儘管綠營政府聲稱要禁絕 TikTok，但在網絡的時代，越禁越香。台灣民間都在新的平台上了解一個民進黨不希望他們去了解的中國。只要民間多交流，就會減少兩岸社會的誤會，也會倒逼決策者避免誤判。要和平，不要戰爭──這是時代的最強音，也是兩岸關係的主旋律。

魔都・蔣家恩怨・歷史魔幻

　　這是意外的上海驚艷。台北市長蔣萬安訪問魔都上海，雖然聚焦在市政交流，但歷史的魔幻氣場卻是揮之不去，因為他的曾祖父蔣介石、祖父蔣經國都曾經在上海留下生命的重要足跡，也是民國歷史的關鍵一頁。

　　蔣介石於二十年代曾在上海金融界活躍，他當時交往的朋友陳果夫等，都成為他從政的重要幹部，而上海的江湖人物黃金榮與杜月笙等，也是他日後在政壇呼風喚雨的倚仗。可以說，上海是蔣介石政治上的重要根據地，更不要說一九二七年十二月一日，蔣介石和宋美齡在上海的大華飯店結婚，開啟了他的權力上升的大門。

　　蔣經國在上海的風雲事跡，就是抗戰勝利後他在滬上「打老虎」，推動貨幣改革與打擊貪腐，不惜追查孔家和宋家的利益鏈條，雖然贏得民心，但功虧一簣，以悲劇收場，留下黃浦灘頭的一聲嘆息。

　　如今蔣萬安訪滬，立刻引起很多歷史的聯想。他

在兩岸關係最低迷的時刻訪滬，令全球中國人聯想到他的祖輩在上海的恩怨情仇，也都期望他是否有新的機緣，可以締造兩岸和平，不要讓台灣人民被綁上台獨和美國的戰車，最終被戰火吞噬。

恰恰是蔣萬安的庶出背景，讓他遠離蔣家昔日的鬥爭，不用背負時代包袱，但從台灣民間的觀點，都不會否認他祖父與曾祖父為台灣保留了一片淨土，免於神州大地的政治動亂與文革，無論是台灣政治光譜的哪一方，都會肯定國民政府在台灣這方面的貢獻。

如今從歷史的後見之明來看，兩岸不少老百姓都感念蔣氏父子，保衛了民國的命脈，也在中國大陸破四舊、文革的動亂中，讓台灣保住了中華文化的血脈，五千年的文化香火拒絕湮滅。這也讓蔣萬安在台灣的選戰中，佔有歷史的優勢，也使得他在上海之行中，被賦予更多的政治解讀。

毫無疑問，蔣萬安是歷經美國律師訓練的司法精英，他務實而不拘泥於意識形態，也避免走上極端；他也許不會讓台灣的深藍與深綠勢力滿意，但他還是堅持九二共識，認為台灣人也是中國人，堅持和平是最高綱領。他歷經台灣選戰的千錘百鍊，舉手投足，

都讓大陸民眾感到新鮮，也折服於他不看講稿、辯才無礙的演講。中國大陸網民都津津樂道他的腹肌和籃球投射的準確（他曾是政治大學籃球隊的隊長），甚至認為他是中國政治系統難以培養的人才。

　　這都是兩岸交流的最新突破，因為全球中國人都會同意，蔣介石和毛澤東如果還在世，都會反對台獨、港獨和一切的分裂主義。蔣家第四代訪問上海，讓昔日魔都風華與今日政治融冰交匯，衝出兩岸硝煙的陰影，看到和平的曙光，正在歷史魔幻氣場中冉冉升起。

台海兩岸語言的秘密情緣

　　兩岸的中文就好像一對秘密的情人，有一種既陌生又熟悉的感覺。繁簡之別，注音和拼音的分野，都讓兩岸交流時偶爾出現美麗的誤會，像情人拌嘴，床頭吵架床尾和，背後的原因，還是那種血濃於水的文化情懷。

　　台灣的新一代近來都喜歡看中國大陸的社交媒體「小紅書」和「抖音」，感受神州大地的生活方式，發現很多與台灣「一模不一樣」的事物，也熟悉大陸的普通話發音，如我「和」你去玩，「和」字在台灣的發音是「hàn」，但大陸還是「hé」（但台灣說「和平」還是「hépíng」，與大陸一樣）；要去倒「垃圾」，大陸發音是「lājī」，但台灣是「lèsè」，兩者迥然不同，但也有些字只是音調不同，如「法國」、「俄國」等，兩岸的聲調高低不同，但一聽就明白。

　　文字的繁簡之別，對愛讀書的人來說，都沒有任何問題，只要一看上文下理，就立刻明白。中國大陸的知識分子來到台灣，都喜歡到誠品、金石堂等書店

買書，看豎排的繁體字，覺得自己回到五四的民國時代，饒有古意。台灣讀書人看簡體字的書，從語境開始，很快就進入狀況。台灣還有一些專門賣大陸簡體字的書店，從文史哲到科學的書，都頗受歡迎。

兩岸的文化產品交流，也使得雙方的習慣用詞遣句，彼此交叉滲透。中國大陸近年流行的用語，如「碎碎念」，成為電台的欄目，其實是來自台灣閩南話的用語，指那種喃喃絮語。台語的「吐槽」，甚至成為大陸綜藝節目的「吐槽大會」，至於台灣流行語的「哇塞」，也在大陸流行起來。

當然，神州大地的一些用語也在寶島風行，如「貓膩」，指的是「詭異」、另有玄機，「忽悠」指軟性的誤導，也在台灣普遍使用。

其實兩岸的語言交流，早在三四十年前開始。八九十年代中國大陸改革開放，民眾都喜歡看台灣的瓊瑤愛情小說、三毛的感情散文、高陽的歷史小說。中國大陸知識分子更是迷上了白先勇、陳映真的小說，閱讀余光中、洛夫的現代詩，聽鄧麗君、羅大佑、蔡琴的歌曲。

後來中國大陸的小說也進入台灣，如二月河的《雍

正王朝》、王安憶的《長恨歌》，而崔健的《一無所有》、王菲的《執迷不悔》等歌曲，也在寶島流行。大陸攝製大量有關中國歷史的電視劇，從《走向共和》、《三國》到《大明王朝》、《康熙大帝》等，都吸引台灣的民眾。

尤其中國大陸近十幾年間全力推廣中華文化，很多的影視節目，如《中華好詩詞》、自媒體「意公子」的唐詩宋詞介紹，都受到台灣觀眾的歡迎。兩岸老百姓在古典的回顧中，找到消弭現代分歧的最佳路徑。

民間中華·魔性·草根力

　　也許是疫情之後的報復性爆發力，需要一種帶有魔性的舞蹈，來抒發壓抑三年的鬱悶。來自廣西民間的「科目三」成為風靡國際的中國舞蹈，展現了中西合璧的肢體語言，再配上帶有強烈民族風格的曲子《一笑江湖 DJ 版》，節奏強烈，成為最佳的配搭，展示民間中華的最新草根力。

　　草根力就是草根的爆發力，凝聚民眾的智慧，開拓被「高端群體」認為是不可能的旅程，就好像貴州的「村超」，由農民來踢足球，卻踢出了世界的名堂，成為中國新的簽名。如今的「科目三」，從廣西梧州的一場婚禮開始，演繹民間的舞步和節奏，一度被官媒評論說太俗氣、太土味，但卻不怕被嫌棄，而是保持童真，「見大人則藐之」，說說唱唱，蹦蹦跳跳，卻跳出了世界級的知名度。

　　這也是民間中華的傳奇，追尋生活的喜悅，遠離權力殿堂的步伐，踩着老百姓的拍子。來自廣東的年輕音樂人祝何作曲和作詞的《一笑江湖》，都有新一

代的豪氣，呼喚章回小說的古典靈感，寫下「劍起江湖恩怨，拂袖罩明月，西風葉落花謝，枕刀劍難眠……鬢如霜一杯濃烈」等歌詞。在歌手聞人聽書的高昂唱腔中，在搖滾樂的鼓聲低迴中，舞樂合一，煥發了一種「魔性」，讓人不得不翩然起舞，舞動江湖，也意外地在台灣產生共鳴。

這也是「科目三」的奇特效應，在台灣的選舉季節中，一些藍營的政治人物還率領選民跳起了這齣中國舞蹈，國民黨前主席洪秀柱也在短視頻上露了一手，南投縣長許淑華也和藍營候選人合跳，被一些大陸網民評論說，「科目三」可以「舞統台灣」，不戰而屈人之兵，不再需要「武統台灣」。

不可否認，「科目三」最後在全球紅火，還是靠民企海底撈的助攻，將這舞蹈成為服務員迎賓時的即興表演，讓人驚艷。當然，全球的傳播，也要靠民企的 TikTok、抖音、小紅書等短視頻等載體，穿透了地理和心理的疆界，也穿透了政治和文化的疆界，收割了龐大的經濟利益。

這都是民間中華的勝利，也是草根力的勝利，將民間自發的靈感，演繹為沛然莫之能禦的「魔性」，

也轉化為文化中華的商業模式，超越政治的羈絆，也超越了意識形態的漩渦，回歸老百姓的智慧，也發揮中華江湖的底蘊，讓「科目三」成為凝聚全球華人的肢體語言，一舉手一投足，都展示中華民族創新的巨大能量。

大灣區變貌

河套科技園先要掃除禁區心態

　　二零二三年颱風蘇拉來勢洶洶，整個香港和華南地區都嚴陣以待，就在香港掛起十號風球之前，很多香港人卻趕在口岸即將封關之際，前往深圳或大灣區其他城市來度個「颱風假」，有些香港人喜歡去深圳的一些水療中心過夜，比住旅館更便宜和更舒服。這其實都是最近香港人的習慣，在假期往中國大陸消費，享受「性價比」更高的生活。最新的統計顯示，香港人赴大陸的人數，比大陸來香港的人數多了兩倍左右。

　　北京宣布在深圳和香港之間的河套地區，建立新的高科技中心，發揮「一河兩岸」、「一區兩園」的理念，連同大灣區其他城市，凝聚全球的人才，聚焦發展人工智能、生命科技、數據科學等。這都顯示大灣區正在加強融合的角色，要打破過去發展的障礙。

　　發展的障礙就是各種不必要的通關限制措施，如迄今香港與深圳之間仍然存在大面積的禁區，香港市民要前往，還要申請「禁區紙」才可以進入。這都是過去英國殖民時期遺留下來的習慣，但回歸逾二十六

年，這樣的陋習還存在，也剝奪了香港和大灣區發展的機會，背後其實就是香港過去官僚系統的傲慢與偏見，不想發展鄰近深圳的邊境地區，內心深處的想法還是認為中國大陸是比較落後的地區，要防止大陸人跑來香港，要嚴加死守。但如今形勢早已經巨變，嚮往去大陸的香港人比熱衷來香港的大陸人還要多，而香港的決策者在這方面還是慢了半拍，無法跟得上時代的節奏，也浪費了很多的發展機會。

現在北京國務院推動河套計劃，其實是當頭棒喝，要香港當局加速發展和深圳邊境地區，要揚棄「禁區心態」，盡快將當前被列為禁區的邊境地段全面開放，讓雙方的市民都可以自由的進出，盡量減少任何不必要的障礙。在當前的科技水平，採用人臉識別、刷臉等方式都可以解決。

事實上，深港兩地之間的地段，不僅發展科技園，還可以發展更多的商場、娛樂中心，兼備深港兩地之長，如現在福田地區深受香港人歡迎的水療中心，為何不可以開在河套地區？為何不可以將香港人喜歡去的 COCO Park 也開在河套地區，吸引更多的人流？

其實在美國和加拿大之間的地段都是繁榮之地，

也是兩國民眾最喜歡去的地方，因為可以享受兩者之長，如加拿大人喜歡開車去美國加油，美國人喜歡去加拿大買藥物。美加是兩個國家，往來非常方便，而深港同為一國，還在邊境搞一個「禁區」，讓美國人和加拿大人恥笑，也成為世界級的笑柄。

河套科技園計劃，北京方面希望在二零二五年落實，這都需要在科技以外作出配套。因為要吸引全球最優秀的人才，要園區和周邊地區都提供最佳的生活機能，才可以成為一個人才的「磁石」，吸納來自五湖四海、大江大海的精英。

要消除禁區心態，還需面對香港內部一股反對大灣區融合的論調，認為這是「掏空」香港的發展，讓香港人都跑往深圳消費，導致香港的餐館和娛樂場所日漸凋零。這是似是而非的說法，恰恰相反，大灣區的繁榮也是一種內部的良性競爭，香港的餐飲業價格高、服務差，長期為人詬病，如今有深圳的競爭，也會促使香港作出變革，不能坐井觀天，夜郎自大。

事實上，香港的房地產也受到深圳和周邊地區的影響，不能只是「內循環」，而要面對各種競爭，要確保消費者的權益，不能搞差別待遇。

這包括近年香港的房地產出租，要求中國大陸來港念研究生或本科的「港漂」學生，先繳交全年的租金，與本地租客每個月交房租迥然不同，等同是歧視性的措施，對中國近年來港數以十萬計的學生不公平。香港的消費者權益機構應該對此深入調查，避免破壞了香港平等開放的形象。

推動大灣區融合，其實就是擴大了香港的發展半徑，不再受地區限制，內部的競爭也會導致資源的更優組合，不再是畫地為牢，自我設限。北京推動河套科學園計劃是一個新的提醒，需要善用一國兩制，不要將兩制凌駕一國，也不要將一國限制了兩制的彈性與多元化，運用之妙，存乎一心。香港科技大學的南沙校園就強調教授的待遇向香港看齊，吸引了全球的科技精英，也在生活機能上全力配合，包括大學校園隔壁就是一所優質的國際學校，從小學到高中，一條龍式的服務，讓這些來自北美與歐洲的科技人才，在子女教育問題上，沒有後顧之憂。

颱風來襲，大灣區都在風暴半徑之內，顯示這個區域是命運共同體。國務院要在二零三五年打造河套成為全球科技的樞紐，就需要先將香港的禁區心態消除。

香港三百萬人次北上消費啟示錄

香港人在復活節和清明節的兩週長假期，共約三百萬人次到深圳，打破了歷史紀錄，擠爆深圳的大商場和超市，吃喝玩樂，瘋狂購物，蔚為奇觀。香港人都在津津樂道，在深圳體驗消費升級，性價比更高，不用忍受香港的高昂物價，也不用面對香港服務質素不佳，甚至出現晚娘臉孔的待遇。

但對百萬香港人來說，他們在吃喝玩樂之餘，更感受到深圳城市建設的先進，數字化的程度更高，是一個動力澎湃、正在躍升的一流城市。

這也開啟了一個新的時代，香港人徹底告別了黑暴時期港獨勢力妖魔化大灣區的負面印象，當時港獨的論述就是「反送中」，將引渡罪犯的法例修改偷換概念，污名化為「送中」，也就是要進入人間地獄，要鼓動市民反對，而背後的邏輯就是中國大陸是落後的、危險的，是香港人的「禁區」。香港人偶爾過去深圳，只為買假貨、按摩，對深圳是一種「俯視」的眼光。

港獨的另外一種「殺手鐧」就是污名化中國人，

認為中國人具有劣根性，只有香港人經歷過英國殖民統治後，才有上國衣冠的文明，與髒亂的、落後的中國不同，他們痛批來自大陸的新移民和大陸遊客是「蝗蟲」，要發起「驅蝗行動」，並且還有一些暴民去干擾大陸遊客消費的商舖，名為「鳩嗚行動」，使得香港陷入暴民化的狀態。一零一九年的黑暴事件還將立法會砸掉，中文大學和理工大學都被砸，到處針對大陸學生施以暴力，被媒體稱為「暴大」。香港的高速公路、隧道被堵塞，全港的警署和警察宿舍被攻擊，連在中環金融區上班的中國海歸精英，因為在街頭被發現講普通話而被毆打。這是一場由外部勢力和內部呼應的「顏色革命」，主旋律就是抹黑中國和中國人。西方一些民調還指出，香港的中國人認同跌到歷史的最低點。

但現在很多香港人融入大灣區的生活，不僅只是週末去消費，還以接地氣的方式，切身體會深圳的最新變貌，零距離地發現深圳等中國大城市正在蒸蒸日上的發展，城市建設的企圖心很強，在基建和辦事效率上都勝過香港。

越來越多的港人重視深度認識深圳這個城市，他

們發現深圳這幾年興建的地鐵網比香港更龐大，星羅棋布，可以去更多遙遠的地方，有些地鐵站的設計非常前衛，如崗廈北站，彷如一個太空館。

六十歲以上的香港長者更可以享受深圳地鐵和公交車的免費待遇，感受「社會主義優越性」。坐深圳地鐵十一號線，可以直達深圳寶安機場，發現這個現代化的新機場，無論是設備和服務，都比香港的赤臘角機場更現代化。

當然，有些港人也會去「人才公園」，發現有無人機點送外賣。這是全球創新技術前沿的操作，讓各方驚艷。

這也徹底扭轉了香港人普遍對深圳的刻板印象。九十年代間，深圳的治安不佳，街頭扒手和騙子不少，但中國近年勵精圖治，也善用天眼和大數據等新科技，使得中國成為全球治安最好的國家。香港人去到深圳，和香港一樣，都有信心滿滿的安全感，與倫敦和紐約治安不靖的情況比較，落差很大。

香港人在深圳還會更上層樓，參與大灣區的建設。在香港科技大學畢業的汪滔就將他的無人機的發明，在深圳發揚光大，成為全球最大無人機公司大疆，佔

全球市場份額的七成以上。

　　香港中學畢業的王衞在大灣區建立了順豐物流業，從旺角砵蘭街開始的小公司，如今成為領軍全球的物流業頂流，執業界之牛耳，擁有約百架飛機。

　　因而建立香港和大灣區企業的價值鏈，大疆和順豐樹立了重要的典範。前有珠玉，後有來者，背後都是因為香港和大灣區的資源和人才互補，創造了這個時代的傳奇。

　　大灣區不僅是深圳，還有佛山、東莞、中山、江門、肇慶、順德、澳門等城市。它們都各有特色，也都不斷提升城市競爭力，與香港連成一起，共有八千多萬人口，比英國人口還多兩千萬，可以發揮更多規模經濟的效應。

　　那些在這次長假期蜂擁到大灣區的香港人，以具體的行動，以腳投票，扭轉了西方和港獨勢力對大灣區抹黑的負面影響。香港的年輕一代不少是被分離主義洗腦的「黃絲」，卻在大灣區的吃喝玩樂中，發現深圳和中國的進步，也重新發現新的自己，感受香港人也是中國人，並且見賢思齊，以汪滔和王衞為榜樣，在大灣區創業，開拓更輝煌的人生。

香港服務業須推動一場微笑運動

在經濟陷於逆境之際，香港的服務業需要推動一場微笑運動，展示香港人的友善和魅力，是一個遊客的天堂，而不是泥守機械式的服務，缺乏同理心和共情能力，陷入粵語所說的「晦氣」的心態，怨天尤人，成為服務業的大忌。

國際媒體討論港人都喜歡到深圳和大灣區消費，被當地的高性價比所吸引，其實除價錢外，很多香港消費者赫然發現，中國大陸餐飲的服務態度都勝過香港，不會出現香港那種「晚娘」面孔，對顧客翻白眼，或是動輒在小問題上和顧客吵架。由於中國大陸的餐飲業大都進入資本密集的經營，對服務的質素要求很高，對員工也有培訓和硬性的規定，對於服務品質都有很多的要求，如海底撈、農耕記等集團，設有各種問責制度，務求讓顧客有很好的體驗。

這和香港的服務業大相徑庭，香港由於勞工供不應求，服務業的品質管理大都打馬虎眼，很多從業員也都欠缺專業意識，往往有一種過客心態，「東家不打打西家」，流動性高，對於顧客的態度大多是得過

且過，上焉者隨便應付，下焉者動輒惡言相向，讓消費者嘆息是花錢買難受。這和台灣與日本服務行業的態度迥然不同，他們有很強的服務意識，以客為尊，服務細緻而友善乃出自內心，不是表面擠出勉強的笑容。這是文化和心理意識的不同，出自肺腑，發自內心的服務是服務業的精髓，而不是被規章要求，訂立種種條條框框。

但管理上的考核、消費者反饋都非常重要，才可以確保質素，要成為文化上靈魂深處的自我期許，成為一個城市標籤。國際旅客到東京、台北，會對服務業品質留下深刻印象。這讓香港面對拷問，為何東京、台北可以，香港不可以？

這和服務人員的待遇沒有必然關係，台灣服務業待遇一般都低於香港蠻多的，但從業員的精神面貌至關重要。日本的薪水也不會比香港高，但這是文化的底蘊，是一種社會風氣。香港近幾十年都是金融和房地產發達，經濟繁榮，遊客如過江之鯽，旅遊業都是「賣方市場」，形成服務人員心高氣傲、愛理不理的特色，為國際所詬病，加上某些行業的害群之馬在伺機「宰殺」旅客「肥羊」，如計程車的黑司機，最近就被揭

發濫收車資，從中環到山頂，要五百元港幣，比正常車資多兩三倍，這對香港的形象，都非常負面。

中國大陸在改革開放之初，服務業也是一塌糊塗，由於受到計劃經濟和國營事業餘緒影響，很多服務行業硬繃繃的，一個蘿蔔一個坑，缺乏溫柔和彈性，但近年中國民營企業飆升，佔了全國 GDP 的六成以上，內部的組織變革力度加大，對於服務業的品質要求大增，也加強「對標」國際水準，大幅度改進，超越前進，勝過了香港。

香港的國泰航空公司疫後增加招聘空姐，乘客卻發現香港本地空姐服務素質大多遜於台灣、中國大陸和日本背景的空姐，她們大多二三十歲，外型亮麗，但香港的空姐多被批評頗有架子，比較機械化，缺乏耐心和同理心，不重視細節，大而化之，讓乘客都有點滴在心頭的感嘆。

這也許和香港近十年的社會過度政治動員有關，新一代都在泛政治化的氛圍長大，覺得一切要「維權」，處處都以自我為中心，很多年輕人參與服務行業，都有難以放下身段之嘆，結果做起事情來都是敷衍塞責，缺乏耐心與體貼的態度。等而下之的是一些「黃絲」

青年，歧視中國大陸人，甚至擴大到瞧不起說國語（普通話、華語）的客人，而見到說英文的西方人，則卑躬屈膝，對比強烈。月前的國泰香港空姐就被發現，背後譏笑中國大陸旅客的英文不好，結果鬧出軒然大波，也刺激國泰管理層銳意改革。

香港歷史上的服務業，沿襲嶺南文化濃郁的人文情懷。五六十年代的餐飲業，從深水埗街頭的大牌檔到旺角的茶餐廳，都很有人情味，街上的米舖都可以賒帳給鄰里的客戶，彼此如同親人，很有信任感，大家的互動都「好聲好氣」。但到了八九十年代，現代化社會的疏離人際關係抬頭，鄰居往往老死不相往來，缺少了那種傳統的人間煙火氣。

現在香港人反而在台海兩岸和日本的旅途中，才可以重溫那種儒家文化的鄰里守望相助、待人接物彬彬有禮的古風。也許在經濟的逆境中，香港才可以對自己發出靈魂的拷問，如何重現禮儀之邦的精髓，以禮待人，有強大的同理心與共情能力，親切有禮。香港服務行業要展開一場微笑運動，拒絕冷漠和無禮的舉動，掃蕩服務業的黑心坑遊客的敗類，讓微笑和信義成為香港的新標籤，為東方之珠添上新的風采。

香港服務業需要制度與文化手術刀

香港在通過二十三條國安立法後，正在加強「盛事經濟」的力度，要從春天開始，展現香港的活力，但香港服務業的水平卻不斷被國際質疑。新加坡《聯合早報》報道就指出香港成為「趕客之都」，一些餐館對顧客的用餐時間加以限制，規定要在某個時間就要離開，服務態度不敢恭維。該報記者說本來是和幾位討論「說好香港故事」論壇的嘉賓來餐敘，但卻被香港殘酷的事實打臉，連晚飯都無法好好吃，如何說好香港故事，成為香港的尷尬。

事實上，香港有些餐館甚至是巧立名目，收取「座位費」，等於變相加價，讓顧客的體驗非常負面。在一些商場，一些服務人員對於旅客的查詢，也是愛理不理，甚至擺着晚娘面孔，令人望而生畏。

這其實都是老問題，只是「於今尤烈」，變本加厲，引起反感。多年前劉德華就拍過一齣宣傳短片，裏面的金句是「今時今日，咁嘅服務態度唔夠㗎……」，但如今香港普遍的服務業質素都沒有甚麼改進，原因

不少，勞動力的欠缺是一個大問題，現在餐飲業等工資都越來越高，但仍然找不到足夠的人手。一些服務業人員其實是處於「賣方市場」，待價而沽，「皇帝女唔憂嫁」。

當然香港的房地產昂貴，也造成龐大的壓力，很多業者都在抱怨租金飛漲、在經濟復甦之際就一馬當先，對服務業構成「生命不可承受之重」。

另一個重要因素還是文化上的短視心理，被短期主義的炒賣賺快錢的氣氛所影響，沒有生活上沉澱下來的溫柔敦厚，與台海兩岸比較都遜色不少，不但影響香港的城市競爭力，也影響香港的國際形象。

《亞洲週刊》月前提出香港當局要發起一個「微笑運動」，要掃除「晚娘臉孔」，要永遠笑意盎然，讓顧客有如沐春風之感，而不是花錢買難受。

當然，天下沒有無緣無故的愛，也沒有無緣無故的恨。香港服務業質素的低水平，其實是管理問題的危機。因為香港人都會發現，一些來自境外的連鎖店在香港的服務素質都維持非常高水平，如美國蘋果手機香港旗艦店，服務態度就很好，面對複雜的問題都會耐心回答，也不會擺出臭臉。來自中國大陸的餐飲

業在香港開設分店，也都有高水平的服務質素，如海底撈火鍋連鎖店，或是湖南土菜的農耕記，都維持在神州大地的質素，讓顧客有正面的感受。

這背後就是管理層在制度上的設計和規範，如何善用激勵機制，讓前線服務員工都有強大的動機，以客為尊，了解自己的表現是和自己的利益密切相關，也視此為一種榮譽，有強烈的自我期許，不會動輒生氣，或板着臉孔幹活，讓顧客難受。

中國大陸在八九十年代的服務業，也非常不理想。由於公營經濟的餘緒，服務業都是大大咧咧，大而化之，得過且過，有時候服務員甚至與顧客發生衝突。但近十幾年間，中國大陸服務業「大躍進」，善用制度誘因和嚴格的規範提升服務水平，很多餐飲連鎖店甚至出現「無微不至」的服務，如海底撈火鍋對顧客在店外排隊，還會提供茶飲、修甲等服務，用餐完畢出門若遇到下雨，還會提供雨傘，如顧客愛上某項甜點，還會贈送打包。有些服務員最近還跳上了「科目三」舞蹈，娛樂食客，結果在網上被網民批評是「過度服務」。

中華文化本來就有體貼入微的傳統，作家唐魯孫

寫的懷舊掌故，追溯當年民國時代老北平的回憶，館子的跑堂都很親切，讓顧客賓至如歸。香港在五六十年代的茶餐廳和大牌檔，伙計和顧客都是好朋友，談笑風生。香港商業電台的長壽廣播劇節目《十八樓 C 座》，就重現這些場景。

即便是同一家企業，不同的文化背景還是有分別。國泰航空高頻率乘客發現，來自日本、台灣的空姐一般都比香港的空姐更細心和溫柔體貼，不會有那種愛理不理的態度。這也許是文化的差別，也是國泰管理層要全力改善之處。

香港服務業更為人詬病之處，就是華洋有別，香港空姐或餐館服務員遇上了洋人，往往更為客氣，笑臉迎人，而面對說普通話（中國國語、華語）的顧客，或說廣東話有外省口音的顧客會很不客氣。這些自我歧視的陋習，需要全民深切反省。

當然香港還需要有更多的制度的配合，如有些商舖面對八達通和信用卡時，會額外徵收附加費，但無論政策如何改善，還需要文化上的洗心革面，脫胎換骨，要用制度和文化的手術刀，切除香港服務業的「負面基因」，扭轉乾坤，向台海兩岸看齊，展現東方明珠的璀璨光彩。

香港面對大灣區競合的挑戰

都說香港要和大灣區融合，但卻沒想到局勢的發展出現意想不到的趨勢，最新的統計數字顯示：香港過去兩個月前往大灣區的旅客高達一千餘萬人次，大幅高於中國大陸來香港四百多萬人次的旅客，估計是一比二點五，等於完全逆轉過去的局面。

在疫情之前的十幾年，大量的陸客擠滿了香港的街頭，搶購很多香港的民生用品和奢侈品，甚至導致港獨勢力的興起，說大陸人搶光了香港人的用品，掀起了「驅蝗行動」等分離主義的歪風，但如今卻是剛好相反，在週末假期，香港人擠滿了深圳的幾大商場與購物中心，品嚐來自全國八大菜系的美食，享受高性價比的消費經驗，買下很多深圳的商品。幾個連接香港與深圳的口岸，更是人山人海。

最奇葩的是新開的香園圍口岸，今年初開通客運時人流不多，如今卻是一個月超過一百一十六萬人次，從粉嶺或上水開往香園圍的小巴和巴士都擠滿了人，因為巴士價格便宜，而六十歲以上長者也只是兩塊錢，

到了深圳，發現老人搭乘地鐵和公交車都免費，享受「社會主義的優越性」，導致香港人爆滿了深圳。

在旺角砵蘭街前往皇崗口岸的直通巴士，週末晚上十二點後，還排起了長龍，尤其很多年輕人都喜歡到深圳的酒吧或娛樂場所消費，發現深圳水圍村夜市到福田的酒吧街都很有魅力。幾個大商場，如南山區的萬象天地、深圳中部的壹方城購物中心，有號稱中國最美的書店和文青集中地。歡樂海岸則是以水為主題的大型綜合商場，價廉物美的餐館很多。當然，還有福田的當代藝術與城市規劃館，有大量旋轉曲線的設計，很有未來感，令人目眩，都是免費入場。此外，龍崗萬達廣場的 Party Day 被稱為是城市成年人的迪士尼，都是香港所沒有的「浦點」，讓香港人驚艷。

香港也在學習大灣區的建設，包括東九龍的交通，香港政府當局正在引進大灣區的「雲軌」「雲巴」，以更高的性價比，來興建新的新能源大眾交通工具，高架的輕軌電車，來發揮城市的競爭力。

香港第二季經濟的發展開始出現上升乏力的趨勢，讓港府要面對更多的挑戰。在國際化方面，啟德的郵輪碼頭迎來好消息，有很多的國際郵輪要停靠，善用

香港港口深水碼頭的優勢，但也傳出很多國際遊客的抱怨，啟德碼頭的交通配套嚴重滯後，遊客等計程車到市區，超過四十五分鐘，而巴士與小巴更是僧多粥少，碼頭內部的商店很多在疫情期間已經關閉，卻還沒全面恢復。這都顯示有關官員的怠惰，未能未雨綢繆，早作準備。預料李家超政府對此不會忽視，肯定會嚴肅問責，要有關官員盡快改正。

長遠來講，啟德郵輪碼頭的交通應該配上地鐵支線，向機場快線看齊，讓旅客可以在不到半個小時內到達市區中心，展現香港高效率的特色。

香港要有某種的危機感，深圳蛇口的郵輪港口正在超越前進，它發展的本地郵輪旅遊，三個小時左右的旅程，讓旅客飽覽港珠澳大橋的風光，廣受歡迎，而香港的啟德郵輪碼頭還是好整以暇，不思進取，只是守株待兔，很可能將來就會被鄰近的蛇口郵輪碼頭取而代之。

這也是香港面對大灣區各大城市的競合關係。從深圳到廣州到東莞，大灣區各大城市都在拼經濟，大家都在發揮很多的創新力量，而香港某些公務員還生活在舊日夢中，慢條斯理，無法面對新時代的挑戰。

香港人到深圳消費多於陸客來港，這都是最新的訊號，顯示城市競爭力是永遠不能忘記的。

香港的競爭力就是要加強國際化的力量，也要加強與中國大陸的交流，落實貨暢其流，物盡其用，人盡其才。香港在與中國大陸的口岸管理上，還需加強效率，要善用數字化與人工智能的力量，提供刷臉等過關措施，不要一仍舊貫，泥守舊制。

大灣區融合也是一種競合關係，香港的優勢是不斷創新，而不是自我感覺良好，往往用一種俯視的心態來看中國大陸，而是要接受大灣區和整個中國大陸的創新能力已經超越香港的殘酷事實，須痛定思痛，迎頭趕上，不要只是鴕鳥式的自我麻醉。

香港人去深圳消費的人數大幅多於陸客來香港，就是一個警號，顯示深圳的競爭力越來越強，具有強大的磁吸作用。從過關的便民措施到郵輪碼頭的配套措施，都是香港大變革的當務之急。

香港新年新機遇和新視野

　　香港在二零二四年的最新機遇就是大灣區的融合出現意想不到的發展。越來越多的香港人喜歡到深圳和大灣區其他城市旅遊消費，不僅是嚐美食，甚至是移居，愛上了香港以外的城市。香港的一些輿論認為這高度損害香港經濟，提議要求課徵離境稅，要向每一位旅客徵收起碼港幣二十五元（約三點二美元）的稅款。

　　課徵離境稅當然是政治不正確，香港當局不會實施。但這項逆向消費的發展，其實帶來很多正向的思考。

　　不可否認，逆向消費和港人北上激增，打破了香港人對中國大陸的刻板印象，也顛覆了二零一九年黑暴期間黃絲勢力的宣傳，認為香港不應該融入大灣區，認為香港不該只是「另一個中國城市」，譏笑中國大陸落後髒亂、治安差、沒有法治，香港人去深圳，只是偶爾去買翻版影碟、假貨、按摩而已，都是一些低下階層所為，但今天香港人去大灣區，超越階層，一

家人或親友組團去，除了價錢便宜，更有很多驚艷的感覺，城市的體驗也更為智能化，見證了中國內地的突飛猛進。

從香港新設的口岸香園圍入境，搭上剛剛建好的深圳地鐵八號線，約半個小時就可以到達深圳最美麗的海灘——大梅沙。這兒風景漂亮，餐廳很有特色，價格都比香港便宜。香港六十歲的長者從粉嶺或上水坐兩塊錢港幣（約二毛半美元）巴士或小巴就可以到香園圍口岸，而到了深圳，坐地鐵和公交車也都是免費（被香港老人戲稱這是社會主義優越性）。

新年假期，香港人到中國大陸消費高達七十多萬人，而中國大陸來港的則只有四十多萬人。這引起香港不少輿論的憂慮，認為這對香港的經濟帶來打擊。但從另外一個角度看，這其實是香港發展的新機遇，就是香港人終於用腳來投票，參與大灣區的融合，不僅善用深圳消費場所的「性價比」，也用心感受中國發展模式的速度。

中國速度就是除舊布新。九十年代深圳的治安很差，不僅街頭有「磚頭黨」劫匪，入屋行劫也不罕見。但隨着經濟高速發展，就業率高，尤其近十幾年無處

不在的「天眼」，讓犯罪率急降，治安很好，讓人民重獲「免於恐懼的自由」。但港人印象更深刻的，還是基建的飆升，現在深圳已經建設了比香港地鐵更龐大的系統，四通八達，而高速公路的發展也一日千里，讓那些「港車北上」的駕駛者，體會中國高速公路無遠弗屆的動力。

最新的發展是，廣東省正在成立五大都市圈發展規劃經濟一億人口一小時通勤對接港澳台，形成新的磁吸效應，預料會加強大灣區融合的力量，對香港帶來新的機遇，形成「五加一」都市圈的氣場，相輔相成，對於香港是一大利多，加強與中國內地的聯繫，在硬件配套上，也不斷改善。如港珠澳大橋，自建成之後幾年，一直被詬病客流量太少，大橋往往空空盪盪，因為當局對於港澳與內地汽車的往來設有限制，只允許一些持有粵港牌照的車子通行，但這些牌照都被炒到百萬港元以上，與普通民眾距離很遠。但當局後來打破這些壟斷，開放「港車北上」和「澳車北上」計劃，讓普通人都可以開車進入內地，馳騁在大灣區現代化公路上。這次新年假期，港珠澳大橋甚至出現塞車現象，令不少人欣慰，認為大橋終於能物盡其用，

車暢其流，發揮最大的邊際效用。

但其實香港融入大灣區，還需要更多軟件的建設，包括在智能化方面，需要學習內地全方位的數字化，如報稅、銀行、公共服務都已經「數字化轉型」，而香港很多「公共品」，包括公立圖書館、政府的康樂設施，不少還糾纏在紙本系統中，遠遠落後於中國大陸。

但更重要的是，公務員系統在新的一年，需要從「心」出發，掃除長期以來的「禁區」心態，要加速開放香港和中國大陸沿線的區域，不再需要任何的「禁區紙」，回歸二十六年，香港對於中國大陸的人員，內心深處還有一種防備心態，極不正常。政府高層也需要高度警惕，不能讓任何殘餘的殖民地心態，影響香港政府的施政。

尤其香港的很多公權力機構，拿着政府的撥款，卻是「藍皮黃骨」，亦即外表是支持政府的藍絲，但骨子裏卻堅持黃絲勢力的殖民主義價值觀，瞧不起中國的一切。香港大學反對張翔校長的勢力就被批評是「藍皮黃骨」，以「程序主義」（Due Process of Law）之名，搞官僚公文旅行一套，包括校長僱用精英教授被要求

七八個人的簽名才可以。香港政府當局也需要當機立斷，清查這些西方的「第五縱隊」，避免二零一九年的黑暴事件再現。

掃除大灣區內部的市場壁壘

大灣區內部是一個自由市場？答案是否定的。儘管各方都在鼓吹大灣區的融合，但從商品的流通角度，消費者赫然發現，大灣區內部長期存在很多的市場的壁壘，無法貨暢其流，被很多非經濟的因素所干擾，必須正視問題，拆除種種不必要的障礙，還消費者一個更自由更健全的市場空間，也為商界創造更多的利潤空間。

最近很多香港人到珠三角等城市消費，過去幾個月香港人北上的人次大幅超過大灣區其他城市居民來香港的人次，反映香港人越來越覺得珠三角一帶有更多的吸引力。除了吃喝玩樂之外，其實香港人也喜歡到深圳、廣州等地購物，發現有很多的驚喜，性價比奇高，但逛完了珠三角的商場之後，就會滿腹疑問：為何很多產品香港沒有？為何這些產品在香港那麼貴？

最令消費者疑惑的，是香港的幾大電器經銷商，如豐澤、百老匯等都沒有出售中國大陸出產的電冰箱、洗衣機、電視機等基本電器。如果進入淘寶、京東、拼

多多等網站，都可以看到在中國大陸，這些產品的品質越來越智能化，如中國製造的海爾、美的、TCL、小天鵝等產品，銷往全球各地，而價錢一般只是香港流行的韓國與日本牌子的一半、甚至是三分之一或更低的價格，但為何它們都無法進入香港的市場？

香港人會質問：這與香港政府當局的規章限制有關？還是香港的財團拒絕內地品牌？或者是香港市場對於中國電器產品的不理解，還停留在過去的刻板印象，認為中國製造的電冰箱或電視會爆炸？

從消費者的角度來看，不應該出現「信息結構不對稱」，最終損害了香港人的總體權益。

香港雖然號稱是自由市場，但卻對中國大陸輸往全球的產品，沒有提供最佳的銷售渠道。如中國電動車比亞迪，產量已經超過特斯拉，進入全球各地的市場，但卻很少出現在香港的街頭。這是香港消費者的抉擇，還是市場進入的門檻過高的限制？

二零二三年六月還出現比亞迪在香港的展銷處被人淋了紅油，似乎是典型的黑社會操作，但最後當局的調查是否水落石出，還是一個謎團。從性價比來說，香港越來越多的電動車用家都發現中國的國產電動車

勝過美國特斯拉，價錢往往差了幾倍，特斯拉最便宜的車型也要三十多萬港元左右，而比亞迪、理想、小鵬、蔚來等牌子都有更高的性能表現，但價錢卻低廉很多。

即便逛深圳或中山的超級市場，也會驚訝地發現有很多現代化的巨型超市的出現，貨品豐富，比香港的性價比高出很多，提供的選擇也更多。就以大米來説，珠三角的大型超市都會看到有來自十幾個國家的品牌，包括了中國東北、柬埔寨等地。

而以服務業來説，中國的餐飲業正迎來炎夏裏的春天，百花齊放，在政府七月中旬宣布鼓勵餐飲消費的政策下，中國餐飲業海底撈的股票飆升，服務品質也普遍比香港好，重視細節，如湖南菜連鎖店「農耕記」，不僅湘菜美味，伴隨菜餚上桌的是一鍋剛剛燒好的電飯煲米飯，米香撲鼻，和香港餐館叫一碗飯要二十元港幣比較起來，對比強烈。

由於中國大陸市場競爭激烈，大家都在比拼性價比和服務素質，也使得產品越來越有競爭力，如本土的咖啡連鎖店瑞幸咖啡，最新品的咖啡價格是九塊九一杯，非常親民，怪不得最近瑞幸的第二季度盈利已經

壓倒高價格的「星巴克中國」，成為咖啡市場的一哥。

　　但星巴克中國作為美國品牌，卻動力澎湃，仍然不斷擴張至全中國的六千四百八十家分店，瞄準可以購買三四十塊一杯昂貴咖啡的中上層消費者。星巴克中國強調，要打造一個「第三空間」，也就是消費者的家裏和辦公室以外的空間，喝咖啡乃其次，關鍵是在這兒會見朋友、上網、獨處和思考。

　　當然，中國的餐飲連鎖店還有延伸到東南亞的「蜜雪冰城」，最便宜的一杯檸檬冰只要四塊人民幣，是基層民眾在盛夏的恩物。

　　這都是香港所欠缺的消費，如果大灣區的內部市場打通，就會出現一種「完全競爭」的狀態，讓良幣驅逐劣幣，還消費者更多的選擇和更高的福祉。而背後就是消費信息結構的對稱，不要出現任何不必要的差價，要追尋「一碗水端平」的平等。

　　但香港的價格昂貴，源於地產霸權的高房價，商品的價格都被昂貴租金蠶食。仔細檢視香港和大灣區其他城市的價格，就會刺激新的思考空間，也會刺激更多新的商機，讓香港消費者尋回被剝奪了的權益。

香港大灣區化與大灣區香港化

香港的餐飲業和服務業正面臨前所未見的危機？復活節與清明節長假期香港人北上大灣區消費高達三百萬人次，創歷史新高。越來越多的港人都喜歡到大灣區吃喝玩樂，不僅是因為深圳的餐館和服務業的性價比高，也因為服務的素質比香港好，不會出現吃飯要「一小時內吃完」的奇葩限制，也不會對顧客擺出「晚娘面孔」的態度，讓人感覺是「花錢買難受」。

很多香港人表示，遠赴深圳消費，除了價格越來越大的差異，也因為香港的服務素質越來越走下坡，很多服務業都沒有品質管理，放任自流，在日益通貨膨脹的壓力下，不少員工都在抱怨待遇不高，因此把工作上的怨氣出在顧客身上，導致生意越來越差，一些服務業要關門，形成了惡性循環。

但恰恰是在這個時刻，香港有些餐飲業卻出現「逆勢銷售」的方式，以超低的價錢吸引消費者。如中環的黃金地段，最近出現港幣十元的 Americano 咖啡，吸引了大量「上班族」，與星巴克動輒四十元一杯的

咖啡比較，對比強烈。這家名為 T97 咖啡店，創辦於杭州，在中國大陸市場比星巴克和瑞辛的性價比更高，每杯咖啡甚至跌至六塊五毛人民幣的價格，卻保持一定的水平，在四十多個城市設立了五百多家分店。各方關注它的商業模式，如何在香港高昂租金和高昂人工費用的情況下生存。業內人士分析，這家咖啡店走的是中國「蜜雪冰城」的路線，以超低價格將對手擊倒，佔有市場份額，發揮規模效應，也在網絡上打響名堂，最後可以上市。

中國「蜜雪冰城」的商業模式在於數字化管理整個產業鏈，高度壓低成本，對於員工的訓練也數字化，確保品質，如今已在中國開了三萬六千多家分店（約六十家自營店），也在東南亞開了約四千多家店，現正申請在香港 IPO 上市，目標估值瞄準七百八十億港元。

這都顯示中國民企逆境中的新智慧，抓準消費者的心，解決香港人的痛點。這是香港的大灣區化，不會只在香港自怨自艾，歸咎別人，而是痛定思痛，學習大灣區優點，反客為主，製造驚奇效果。但更重要的是，這些餐飲和服務更要重視服務態度，向中國大陸看齊，不要擺出「港式」的負面臉色，惡言惡語，

損害香港的形象。

有些港人融入了大灣區城市生活圈，享受「社會主義的優越性」，六十歲以上的港人在深圳坐地鐵和公交車免費，甚至進入社保系統，繳交廉價的保費，享受在香港所沒有的快速醫療服務。

最讓港人矚目的是大灣區基建快速，具有宏觀思維，如計劃六月通車的深中通道，連接起深圳和中山，也使得香港人去中山，有更快的通道。

更恢弘布局還在於大灣區正將廣州、東莞和深圳地鐵連接起來，成為一個龐大的軌道交通網，發揮強大的規模經濟，讓貨暢其流，人盡其才，各盡所能，各取所需，形成大灣區「同城效應」。這項巨大工程已開始動工，描繪出一個亮麗的藍圖，推動香港融入大灣區的發展。

一九九七年回歸以來，港人還是囿於過去殖民地的冷戰思維，對於和大灣區的融合仍然深具忌憚，例證是深圳和香港的邊境地區建滿高樓大廈，而香港鄰近深圳邊境，還是滿布鐵絲網，一片蕭殺，完全沒有開發，折射香港官員的心態。特首李家超上台後，開始正視這些問題，要將邊境「去禁區化」，但發展步

伐依然緩慢，必須要對標香港對岸深圳邊境的繁華，盡快迎頭趕上。

香港的貨櫃碼頭也要迎頭趕上。在二零零四年還是全球第一大的貨櫃碼頭，今年應跌出全球十大，代之而起的是中國沿岸的新型自動化碼頭口岸，從上海洋山港到深圳的鹽田港和廣州的南沙港，都在自動化建設上遙遙領先香港。 因此香港必須要有強烈的危機感，加強自動化和人工智能的建設，不要讓過去的成功和輝煌，成為今天前進的障礙。

事實上，大灣區也在香港化，港人喜歡逛的深圳大商場如星河 COCO Park、皇庭廣場、萬象城、萬象天地等，其實開始時都是學習香港的金鐘、太古城、圓方等商場，可後來卻超越前進，無論在設備和動線設計，商店的多元化和娛樂功能都青出於藍。

但香港在一國兩制下，還是有不少優勢，如資金和人才自由流動，高等院校有五家名列全球百大，而香港大學更進入全球前三十，在大灣區領先，如今香港的大學都紛紛前往大灣區設立校區，發揮學術的外溢效應，形成良性循環，讓香港的大灣區化和大灣區的香港化，渾然一體，成為中國現代化的一股奇特的動力。

東南亞風情

誰來打破失敗國家的魔咒

　　菲律賓是失敗國家（Failed State）嗎？證諸人民的福祉來說，這國家確實出現倒退的現象。在五六十年代，菲律賓作為前美國殖民地，現代化程度高於香港。但到了九十年代，菲律賓的大學生要來香港做家庭傭工，一直到現在，菲律賓的年輕一代不少還是要離鄉背井，到全球各地打工，賺取龐大的外匯，被譽為「國家英雄」，但背後卻是一個「失敗國家」的辛酸。

　　菲律賓的人均所得是三千多美元，在東南亞國家，也是排在後段，比不上馬來西亞和泰國，與新加坡的人均八萬多美元相比，更是雲泥之別。

　　菲律賓的魔咒就是結構性的貪腐，造成嚴重的內耗，沒有長期的規劃，國家能力無法為人民福祉帶來基本的保障，經濟上沒有工業的支柱，也沒有足夠的基礎建設，無法提升國家競爭力。全國都是在幾個大家族的資源壟斷下，莊園經濟成為主力，黑社會是政治生態的一環，治安不靖成為常態。新聞記者被暗殺是家常便飯，成為高危行業。社會上到處都有黑槍，

菲律賓每年的兇殺案在亞洲名列前茅。

菲律賓經濟近年一度好轉，主要是和中國的貿易往來增加，中國協助的基礎建設也如火如荼。二零二二年，中國援建的馬尼拉的王城大橋正式投入使用，被視為菲律賓「大建特建」與「多建好建」規劃的里程碑，與中國一帶一路倡議對接，日均車流達三萬多輛，解決了帕西格河兩岸交通擁堵。但小馬可斯上台後不久，就取消了與中國合作的三項鐵路合作項目，也使得經濟提升的機會窗口被政治關閉。

這也再次顯示菲律賓政治的詭異與善變，翻臉比翻書還快，政客只是收割政治上的短期利益，但卻踐踏人民改善生活品質的權益。

不過菲律賓人民的快樂指數卻在亞洲居於前列，也許是拉美血統的基因，菲律賓人大多是樂天派，政治選舉往往成為嘉年華活動，載歌載舞，享受剎那間的永恆。數以千萬計的高學歷菲傭在全球打工、看似是楚材晉用或是低度就業的悲歌，但她們一般都比自己的僱主快樂。

這也掩蓋了很多快樂背後的悲情。很多菲傭含辛茹苦的在外國打工，寄錢回家給老公和小孩，撐起了

一個家，但往往面對老公的背叛，在外面養一個小老婆。菲傭帶着多年的積蓄回到馬尼拉，卻發現等待自己的是一個破碎的家庭。

菲律賓的政治也是背叛的輪迴。小馬可斯上台後即訪問北京，強調他當年和母親伊美黛七十年代訪華見過毛澤東的緣份，但不旋踵間，他就對中國翻臉。對菲律賓人民來說，只有打破失敗國家的魔咒，才可以擁抱沒有悲情的快樂。

越南的未來是歷史奇異回歸

很多美國史家認為：越戰不僅是美國歷史上第一場敗仗，也是潰敗得非常難堪的一役。一九七五年，美軍兵敗西貢，美國大使館人員倉皇撤退，停在大使館屋頂上的直升機擠滿人龍，一些越南裔的僱員被白人同事推下飛機，這些生死的關鍵瞬間，道盡了大國力所不逮的悲涼。

美國曾經在越戰高峰期，派軍五十萬，旌旗處處，兵鋒威武，面對越共的游擊戰，美軍不惜使用化學武器，將茂密森林的樹葉清除，以徹底追蹤越共飄忽的蹤影。這也導致越南民眾被厲害的化學物質感染，誕下不少無手無腳的畸形嬰兒，禍延下一代。

但在越戰結束後五十年，美國卻仰賴越南變形的產業鏈。本來根深蒂固的中國產業鏈面對拜登政府的制裁，移轉到越南生產，貼上越南製造的標籤，但其實是源於中國的原料和技術，只是將最後的一道工序移到越南，滿足美國人的虛榮，但卻無法遏制中國工業化日趨蓬勃發展。

越南的經濟藉助中美博弈的春風，吹活了本來停滯不前的工業發展，這包括了越南的電動車產業，也成為華爾街熱炒的概念，但由於底子薄，還在摸索的階段，未能真成大器、修得正果。

　　不過沒有人會低估越南的經濟動力，因為越南擁有一億多人口，識字率高達九成八，由於儒家思想的傳統，勤奮堅韌，成為高素質的人力資源。儘管有些外商認為，越南人民歷經戰火洗禮，民風比較彪悍，往往成為管理上的痛點，動輒出現工潮，要和資方較真鬥法。

　　越南的經濟痛點，還包括基建的欠缺，物流不發達。鐵路和高速公路，現代化的碼頭，都要迎頭趕上。這方面必須靠中國的力量，提供技術與高效的建設，要恪守「路通才能財通」的亞洲智慧。

　　越南也有海外歸僑的力量。越戰結束後，數以百萬計的越南人流亡海外，其中不少定居在加州南部的橙縣（Orange County）。他們很多曾在南越部隊服役，與越共似乎有不共戴天之仇，但時間是修復歷史傷口的良藥。就好像中國的國共之爭，歷經劫波兄弟在，相逢一笑泯恩仇。他們的下一代在美國受過不錯的教

育，不少重返故園，參與投資建設，成為越南財經界的精英。

　　因而越南的未來，是歷史的回歸。昔日的敵人——從美國企業到受美國教育的越僑新一代——都變身為今日越南建設的先鋒。當年的硝煙，化為當下慶祝新企業開張的煙花，在河內和胡志明市的夜色中，閃耀歷史諷刺的光芒。

剿滅人性之惡・緬北如幻如真

　　緬北是剿滅人性之惡的新戰場。「果敢王」彭家聲之子彭德仁繼承父親遺志，要清除地區的電騙窩點，追緝四大犯罪家族，並挑戰背後緬軍的保護傘，要將近年禍害全球華人社會的電子詐騙集團「一鍋端」，各方勢力纏鬥，烽煙四起，打破了地區的寧靜。

　　這也是軍事上孤注一擲的政治豪賭，因為緬甸軍政府包庇這些電騙集團，已經是公開的秘密，若緬軍部隊源源不絕殺來，對果敢同盟軍形成巨大的軍事壓力。儘管很多跡象顯示：果敢軍似乎獲得不少中方的物資援助，中國的社交媒體上，也有很多支援果敢清剿詐騙集團的聲音，但北京迄今不願意和緬甸軍政府撕破臉，避免影響地區的勢力平衡，也要慎防其他外國勢力介入。

　　這次戰事的本質，在於中國民間社會是受害者。不僅電子詐騙的對象是中國的老百姓，而實施詐騙的騙子，很多都是被綁架到緬甸境內的中國人，他們失去了人身自由，要為詐騙老闆賣命，騙自己的同胞，

而稍一不順從，就會被拳打腳踢，受到人身傷害。

這是現代版的奴隸悲歌。中國電影《孤注一擲》就揭開電騙行業的真相，幾個月前在中國熱映，一度登上票房冠軍的寶座，在於它展示這行業的殘酷，不僅在網絡上詐騙老百姓，也害了那些詐騙業者，他們最後都是受害者，形成了一個悲劇的循環，害人終害己，陷入人性之惡的怪圈。

緬北最重要的挑戰在於如何找到新的經濟支柱，不要陷入邪惡的行業，從毒品到賭博到電騙，都在開發人性的惡。過去這地區一度罌粟遍野，金三角成為國際毒品的重要來源地，但由於聯合國介入，逐漸銷聲匿跡，後來又發展賭博業，但中方對於中國人跨境賭博也越來越加限制，再加上疫情，轉向發展電子詐騙，似乎可以遙控賺錢，但也引來強大的反彈。

緬北曾經是中國遠征軍夢縈魂牽之地，抗戰時與佔據緬甸的日本軍隊血戰，打了不少勝仗。著名歷史學家黃仁宇的第一本着作《緬北之戰》就寫當年中日激戰的親身經歷，他的魔幻筆法曾經被評為具有「卡夫卡的情懷」，如幻如真，讓讀者低迴不已。

如今緬北的局勢，也有如幻如真的感覺。說着雲

南腔中文的果敢同盟軍發表討伐詐騙集團的檄文，劍鋒直指緬甸政府軍的包庇，豪氣干雲，似乎有三百多年前明代孤軍先輩的氣魄，要在域外重整舊山河，為民除害，徹底剿滅人性之惡。

擁抱人道情懷

緬泰邊境的難民往何處去？他們估計數以十萬計，因為逃避妙瓦底的戰火紛飛，離鄉背井，要在泰國找到安身立命的地方，但在逃命之際，卻要經受很多的驚嚇，面對人性之惡的禍水。

戰亂就是來自電詐集團的禍水外溢。長期擔任電詐勢力保護傘的緬甸軍政府被克倫族的武裝力量攻擊，節節敗退，惡名昭彰的 KK 園區也陷入戰火，背後中國的勢力也希望藉此全部剿滅這些貽害中國人的電詐集團。

電詐集團是犯罪學的陰險一支，善用網絡和電話來詐騙，不斷開發人性的惡，抓住人性的弱點。它的大本營來自台灣，延伸到中國大陸和全球華人社會，背後的劇本大都是台灣騙子的「傑作」，編造各種光怪陸離的故事，讓電話上的不同角色在切換，好像一個話劇團，開始時是利用人的貪念，後來則改用其他的情感勒索，或是剝削你的同情心，或是捏造誤蹈法網的證據，要為你「平反」，最後讓你一步一步墮入

陷阱。台灣司法系統被批評對詐騙犯的懲罰很輕，有些在海外被捕遣送回台的詐騙犯往往被一些不知民間疾苦的「恐龍法官」輕判，使得這個犯罪產業鏈始終不能被斬斷。

在全球華人社會，不僅很多普通民眾成為受害者，連一些高學歷、高職位的人都曾經被騙，包括學術研究院的教授、企業集團的高管、媒體機構的主播等。

犯罪學專家指出，詐騙手法往往鑽金融系統的漏洞，大量購買或盜用銀行戶口，一旦你將錢轉到這些帳戶，就會被最快速度轉走或被領走，讓司法單位難以追蹤。

不過，這些年電詐集團面對收益的效用遞減，招收詐騙人員也遇到重重困難。緬北地區的軍閥林立，一些三不管的地區就成為電詐集團的重要根據地，倚仗地方軍事武裝力量的支撐，就可以無法無天，甚至對被擄來的人員加以刑求，並傳出「割腰子」、買賣器官等惡行。

這次緬北的烽火延續月前彭德仁同盟軍攻下老街的掃蕩之戰，都是要將緬甸境內的電詐集團「一鍋端」，要斬草除根，砍斷背後那隻看不見的手，要徹

底狙擊人性的惡，不容禍害全球華人的犯罪集團借助網絡的隱形功能，成為電子化的吸血鬼。

泰國當局和全球華人都關切這些流往邊境的難民潮，並且傳出一些犯罪分子隱身在難民群體，藉機逃亡泰國，逍遙法外，不過迄今曼谷政府還是抱持人道主義的立場，接受這些難民，安排安置區，讓他們有棲身之所。這都是在人性的暗黑中，點燃希望的火炬，擁抱人道主義精神的情懷。

印尼高鐵開往希望原野

　　這是一列開往希望原野的快車。印尼的雅萬高鐵在二零二三年底通車，讓印尼內外很多人都大跌眼鏡，不敢相信這個時速三百多公里的高鐵可以在七年之內完成，改變了印尼很多民眾的生活方式。

　　這展示中國具體的實力和強大的意願，可以改變東南亞嚴重滯後的交通網絡。西方的勢力長期都是扮演殖民和戰爭販子的角色，從越南戰爭到柬埔寨戰爭，陷入漫長的血色黃昏，對於當地的建設都不感興趣。西方人看印尼，只是喜歡巴厘島度假的怡人風光，卻不會關注印尼社會尖銳的貧富懸殊。他們都是用一種觀賞異域風情的眼光，來看赤道地帶的原始森林，而看不到第三世界國家急欲現代化的心情。

　　美國巴勒斯坦裔教授薩伊德（Edward Said）指出，這是一種「東方主義」（Orientalism），是西方人想像的東方，永遠是一種擺設和次等的存在，映照西方「大國衣冠」的偉岸和高人一等。但中國的崛起，改變了這一切，強調發展才是硬道理，打破第三世界只能依

附西方強權的怪圈，要爭分奪秒，加緊建設，改變人民生活的品質。

雅萬高鐵就是中國「基建狂魔」的外溢，帶來強大的示範效應，激活擱置已久的新加坡和吉隆坡的高鐵計劃，讓大馬和獅城的民眾追問，為什麼印尼可以，但新馬不可以？

印尼的雅萬高鐵不僅連接首都雅加達和大城市萬隆，也連接了中國人民和東南亞人民的心，將中國的科技和建設速度帶到「全球南方」，讓東南亞人民都可以分享中國成長的喜悅，創造更多經濟發展的機緣。

中老鐵路也是一項重要的基建，將老撾這個內陸國家變身為「陸聯國」，盤活了對外貿易，提升了經濟發展速度，讓多少人民受益。

這都是中國「一帶一路」的互惠生態，打破了地緣政治的爾虞我詐，回歸基礎的建設，拒絕強權的「東方主義」霸權。

雅萬高鐵也使得長期存在於虛無縹緲中的「泛亞鐵路」再度被排上日程，尤其是北京和曼谷之間的關係越來越密切，更為這條遲到已久的鐵路網帶來升火待發的願景。

中國外長王毅二零二四年一月底訪泰，不但見了泰國總理，還與「知華派」的泰國公主詩琳通會談，也引起各方樂觀的期望。雅萬高鐵加速了歷史的發展，開往東南亞的春天驛站。

緬北硝煙・克里米亞・澳門

緬北的果敢是中國的克里米亞？這是一些中國網民的提議，認為這塊在中國境外的土地與人民都與中國歷史密切相連，從明代孤軍到中國遠征軍，從清代雲南土司到文革的知青，都曾經在這兒落戶，繁衍後代，如今歷經烽火，同盟軍的彭德仁是否要認祖歸宗，讓果敢回歸中國？這就等於俄羅斯和克里米亞的關係，不管外部風風雨雨，但最後還是靠內部的公投來確定主權。

這是地緣政治上極為敏感與棘手的挑戰。迄今北京對此還是採取戰略性模糊，低調處理，沒有透露任何的「克里米亞模式」的意圖。主要是中國要和緬甸的軍事政府維持密切關係，不能撕破臉，兩國鋪有油管，更加上緬甸的皎漂港，是中國在印度洋的重要出海港口，不能因為中國在緬北的利益，損害中國在緬南的利益，甚至損害整個一帶一路的布局。

更何況果敢只是緬甸的地方民族武裝的一股力量，即便最近殲滅了電詐四大家族之首的白守成集團，但

緬北還有很多其他的軍事實體，每一個都是兵強馬壯，各據一方，武裝到牙齒，果敢無法領導群雄，甚至要面對其他勢力的夾擊。

中國念茲在茲的，還是如何全面消滅電詐集團，因為同盟軍的彭德仁雖然光復了老街，但果敢電詐集團的核心勢力轉移到別的地方，被緬甸政府軍重重保護，讓同盟軍難越關山一步。但只要電詐集團還在，就會毒害中國的老百姓，損害中國的國家利益，中國的軍事力量也難以投射到更長的半。

長期來說，創新的做法是發展緬北的地區經濟，建設一個新的經濟特區，不要依靠「偏門生意」。這都需要地區武裝力量改變心態，改邪歸正，全面整合各大軍事武裝力量，以和為貴，從旁門邪道「洗白」，開拓正道，思考一個可以持續發展的商業模式。

這需要資金的投入，將這些邊城地區變身為旅遊勝地，吸引中國和全球的遊客，採取澳門模式，興建合法博彩業，開創東南亞最大的現代化賭城，告別軍閥互鬥的硝煙，擁抱娛樂業的繁榮願景，迎接財源滾滾的未來。

在各大軍事武裝劍拔弩張之際，建設一個博彩娛樂

特區似乎癡人說夢，但有夢最美，希望相隨。中國的民間企業家其實可以看到商機，發現果敢都有中國移動信號；微信支付和支付寶也流行。這是創業的良機，只要北京當局默許，就會成為中國企業出海的最新突破口，在國內「內捲」的紅海中，找到別有洞天的「藍海」。

　　果敢不會成為中國的克里米亞，但卻可以成為緬甸的澳門，讓博彩業的運氣，改變了緬北軍事割據的命運，也讓中緬人民都有免於被電詐的自由，也都有免於戰爭恐懼的自由。

人性的心海

人性的心海呼喚制度創新的巨輪

誰控制了海洋，誰就可以控制世界。這是十九世紀美國軍事學者馬漢（Alfred T. Mahan）的名言。他指出制海權是現代戰爭的關鍵，擴張海洋勢力，不僅是靠海軍，而是要看全國從事海事的人口比例，才可以廣納人才，縱橫四海，建功立業。

馬漢的作品《海權論》成為經典，他兩度應邀訪問英國，受到王室的接見，並獲得劍橋大學和牛津大學的榮譽學位。他的書被翻譯成日文，風靡一時，日本軍官都人手一本，日本政府也曾邀請他當顧問，但被他婉拒。當然，他沒有想到，學習他理論的日本海軍後來卻「師美之長」偷襲珍珠港，重創美國海軍。

從今天的軍事理論來看，海權論只是過去的理論，今天地緣政治的發展已經是海陸空三軍結合，無一可以偏廢，而太空的發展、人工智能的突飛猛進，都不是「海權」二字所能概括。

地緣政治的終極考驗其實是內政的「幸福感」，因為外交是內政的延長，內政不修，就會外交乏力。

曾經是海權第一代的美國和英國現在都面臨內政敗壞的挑戰，尤其是第一強國美利堅合眾國，正受到「三禍」的煎熬，包括了毒禍、槍禍、露宿者氾濫之禍等。這都是政府管理能力的倒退，也是文明的倒退，被意識形態撕裂，無法回歸理性與常識處理內政，甚至出現「零元購」，讓偷竊九百五十元以下的罪犯逍遙法外，等於是鼓吹犯罪，誨淫誨盜，造成社會的亂象。

美國當前毒禍失控，每年死於毒品濫用的人高逾七萬人，上升到歷史高峰，而加州等地對於街頭觸目皆是的毒販都不去抓捕，背後的理由是這些毒販大多是來自拉丁美洲的非法移民，若一旦被捕，送回拉美，很可能會被當地政府槍斃，而美國的「價值觀」是反對死刑，因此對於這些毒販就「隻眼開、隻眼閉」，視而不見。但這些「進步派」檢察官的縱容的結果，就是讓更多的美國人死亡。

美國的槍支濫用，平均每個星期都有一兩宗「集體射殺案」，很多情緒失控者都莫名其妙的向人群開槍，導致去年共有逾四萬多人成為槍下亡魂，但當局對此毫無對策。

至於美國大城市的中心地區，現在都被無家可歸

的露宿者佔據，他們很多也是吸毒者，但也往往成為暴力攻擊的受害者。這都因為美國房價上升到歷史高峰，很多中產階級崩塌，被迫露宿街頭，但當局也對此束手無策，只能眼看問題惡化。

因而如何將美國當前制度變革，找出解決方法，要建造制度創新的巨輪，才能游弋在人性的心海，贏得鮮花與掌聲。美國霸權即便贏得了外交，但卻失去了內政，只能面對歷史無奈的嘆息。

美國移民雙雄的逆襲人生

　　一個偉大的作家，需要一個不幸的童年。這是海明威的自諷，說出童年的陰影與磨難，往往是創意的泉源。

　　黃仁勳和馬斯克不是作家，但卻是卓越的創業者，他們的共同點就是有一個被霸凌的童年，吃盡很多苦頭，歷經滄桑，但卻可以將不快樂的青澀歲月，轉化為追求輝煌人生的動力。

　　Nvidia 的 CEO 黃仁勳與 Tesla、X、Space X 領導人馬斯克都是青少年期間移民美國，飽受挫折，力爭上游，最後他們都在高新科技領域脫穎而出，傲視群雄，展現美國這個民族大熔爐的特色，可以淬鍊人才，造就不世出的英豪。

　　這也是美國社會的成功秘密，讓來自全球不同背景的移民，都敢於在美利堅的土地上追求夢想，而馬斯克和黃仁勳的成功例子都讓世人驚艷，展示美國社會的獨特優勢，可以凝聚天下英才，提供很多的發展機緣。

也許是新移民的弱勢背景，黃仁勳和馬斯克都有一種強烈的危機意識。黃仁勳二零二三年在台灣大學畢業禮的演講中，強調要「奔跑起來，不要步行。要麼為了食物而奔跑，要麼為了避免成為食物而奔跑」。馬斯克也是很有速度感，為了完成任務，常常是沒日沒夜地幹，讓團隊承受巨大的壓力。

　　根據《馬斯克傳》作者以撒森（Walter Isaacson）的觀察，馬斯克常常陷入一種「暴衝」的狀態，發狂地要求自己的團隊在一個他自己訂下的期限內完成任務，強迫大家發揮巔峰的力量，這讓他好多次都激發內部的爆發力，奔向勝利的標竿，但也很多次揠苗助長，暴起暴落，帶來不必要的失敗。

　　黃仁勳在這方面就迴然不同，他重視效率與行動，坐言起行，但謀定而後動，不會草率行事。這也許是儒家文化的基因，落實團隊精神，爭取圓融的人際關係。馬斯克在「暴衝」之下，動輒炒下屬魷魚，連一些優秀的老員工都不能倖免。但黃仁勳就比較謹慎處理人事管理，務求發揮每一個人的最大競爭力。

　　當然，馬斯克管理自己荷爾蒙的能力也掀起爭議，他結了三次婚，有很多婚外情，共有十一個孩子，被

視為情場浪子。

　　黃仁勳雖然穿上黑色夾克，手臂上有刺青，但他還是儒家傳統，修身齊家治國平天下，感情專一，坐擁幾百億美元財產，卻沒有傳出緋聞，他與大學時的白人女友 Lori 結婚，育有一子一女，都已經成年，他們一家四口的全家福，都是傳統的華人幸福家庭寫照。

　　黃仁勳和馬斯克這兩位美國移民雙雄，不但靠白手興家改變了自己的命運軌跡，也在人工智能的賽道上改變人類的命運軌跡。這是逆襲的人生，也是移民創業突破的傳奇。

中國鏗鏘玫瑰與中美情緣

她們是中國的鏗鏘玫瑰，散發不一樣的香味和吸引力。當中國男足的腐敗讓全國人民痛心疾首之際，中國的女子足球卻成為真正的「國足」代表，因為她們頑強的鬥志、不斷淬鍊的球技，以及永不言敗的精神。

她們總是在悲觀中找到樂觀，在國際比賽中拼到最後一秒，她們不見得贏得每一場球，但卻贏得了對手的尊敬和觀眾的掌聲。九十年代由隊長孫雯所領導的中國女子足球，在全球的比賽中締造了佳績。

一九九九年，中國女足和美國女足在洛杉磯爭奪世界盃冠軍，雙方激戰九十分鐘後，零比零賽和，互射十二碼點球決勝負，美國隊五射五中，中國隊五射四中，關鍵是二十五歲的球員劉英射失了，被對方門將撲出，功虧一簣，讓全球很多觀看直播的中國人都同聲嘆息。

但這一瞬間，也有一位美國鼎鼎大名的作家在電視上看到，他深深感受到這一位球員的痛苦，要背上

被十四億中國人斥責的罵名。他決心要寫中國女子足球的故事，要訪問劉英和有關鏗鏘玫瑰的一切。

他就是美國「新新聞」（New Journalism）的大師特立斯（Gay Talese）。他為了採訪劉英，五度前往中國，挖掘劉英背後的故事。特立斯是意大利裔美國人，對於美國盎格魯撒克遜人的傲慢與偏見，從來都不以為然，他同情劉英，也愛中國女足，他甚至希望從劉英「馬失前蹄」作為切入點，寫一本有關中國女足堅忍不拔，從不氣餒的書。

特立斯生於一九三二年，今年已經九十二歲，在美國享有盛名，他寫了幾本暢銷書，包括描繪五十年代《紐約時報》編輯部的故事——《王國與權力》（*The Kingdom & the Power*）、寫七十年代美國人性愛觀念之變的《鄰居的妻子》（*Thy Neighbors' Wife*），以及寫美國黑手黨的《父輩榮耀》（*Honor Thy Father*）等，他開創了一種新聞與文學結合的文體，以大量的現場採訪和真實人名的受訪者，善用文學的技巧，開創非虛構寫作的新頁，刻畫大千世界的傳奇，發現很多平常人的不平凡之處，成為了美國大師級的記者作家。

但美國的主流出版社沒有興趣出版一本全是有關

中國女足的書，二零零六年，他在一本半自傳式的書《作家人生》（*A Writer's Life*），用了最後五十頁的篇幅，寫劉英和中國女足的故事，寫出中美民間的情緣。他說寫劉英不是憐憫失敗者，恰恰相反，他是要寫那些在痛苦中仍然奮起的精氣神。中國女足不僅在勝利中贏得讚美，也在失誤中贏得敬佩。

李小龍・民間中華・爆發力

　　半個世紀前的李小龍傳奇還在延續。一九七三年猝逝的武打明星李小龍，意外地成為不斷被解讀的文化偶像。他的意義還在被詮釋，被賦予更多新的意義，因為他有一種獨特的文化 DNA，讓各方都在爭取承繼，借李小龍拳風的爆發力，摧毀了很多不合理的障礙。

　　障礙來自全球化下很多不合理的現象，讓第三世界國家的貧窮固化，出現「世襲貧窮」，像在西方大城市的貧民區，都看到很多仰慕李小龍的年輕臉龐，看着《精武門》等以小勝大的橋段，看那些被強權逼迫到牆角的弱勢群體，如何在絕境中反擊，如何用中國武術來打抱不平，仗義相助。

　　李小龍的爆發力，展示民間中華的氣魄，超越了黨派，自力救濟，不懼任何惡勢力，反對日本軍國主義與西方殖民主義，代表民間尋求正義的聲音，赤手空拳，反擊巨靈，掀翻了「惡魔盛宴」的桌子。

　　在東南亞，李小龍是華人被壓迫時的「精神救生圈」。一九九八年，印尼出現驚天動地的排華事件，

數以千計的華人被殺害、輪姦，觸目驚心。李小龍的電影成為絕望中的希望，讓很多華人發現，必須敢於反抗，才不會被欺凌。儘管現實與理想有落差，但李小龍電影成為一種無奈的慰藉，在歷劫餘生中，看到黑暗隧道盡頭的微弱燈光。

歲月是絞肉機，絞殺了多少的英雄豪傑，但卻殺不了李小龍的傳奇，因為它不斷在現實中復活。李小龍雖然在三十二歲時死亡，但他的靈魂在八十三歲忌辰時還是歷久彌新，因為他的精神被不斷創新，被授予很多與時俱進的情懷。他的截拳道哲學，重視要如流水般的變化（Be Water），在二零一九年被一些黃絲的「暴徒」所利用，要在香港十八區到處點火，焚燒商場，破壞交通燈，堵塞隧道和公路，但沒想到卻被公權力以牙還牙，也是擅用李小龍的「水哲學」，似水無形，逐個擊破，迫使黃絲暴徒最後採取了「陣地戰」，在中文大學、理工大學負隅頑抗，向外丟汽油彈，引起民憤，最後被警方「一鍋端」。

李小龍的中華民族主義情懷，反對港獨、台獨等分離主義。他的傳奇延伸到不同的領域，超越了武打的世界，而是進入了哲學上身體力行的境界。他在青

春的歲月消逝，但卻在世界的不確定的年代中贏得了不朽的地位，在全球華人的心中復活，成為全球不滅的傳奇。

柏克萊・港大・光榮與夢想

　　柏克萊加州大學是全球高等教育的奇葩。它是美國加州州政府資助的公立大學，但卻在學術上和哈佛、史丹福等名列前茅的私立名校並駕齊驅，甚至可以超越前進，背後就是進取、積極向上的校風，孕育很多改變歷史的人才。全球熱映的《奧本海默》（*Oppenheimer*）刻畫發明原子彈的美國科學家奧本海默的傳奇，他的靈感發源地就是在柏克萊校園。

　　香港大學校長張翔本科畢業於南京大學，是柏克萊加大機械工程博士，在柏克萊任教多年，學術成就斐然，在校園的名聲響亮，他最後還領軍柏克萊加大勞倫斯國家實驗室，是材料部門的主管，也是納米科學中心主任。他研究「隱身衣」，在納米技術上作出突破，被《時代週刊》（*Time Magazine*）選為二零零八年十大科學發明之一。

　　但張翔在柏克萊的經驗也成為他在港大推動變革的阻力，因為他敢於衝刺，推動創新，「動了某些人的奶酪」，讓一些尸位素餐之人的利益受到損害，因

而反彈的勢力也強大，處處受限。

然而柏克萊的傳統就是不畏困阻，迎難而上。這家擁有一百零七位諾貝爾獎得主的大學，呼喚追求卓越的氣魄。張翔沿襲柏克萊的傳統，要將港大提升為一家研究型的大學，在不同的學科上，都要有「源頭創新」的成果。柏克萊的光榮，也是港大的夢想。

這也使得張翔獲得港大校內精英教授的支持，包括二零一六年的諾貝爾化學獎得主 Fraser Stoddart，他對於張翔改革的鴻圖大計非常支持，不滿當前黑函中傷張翔校長事件，對此深感痛心疾首，認為這場「茶杯裏的風波」是「有毒文化」，只會破壞港大的變革。他舉出英國大學的例子，也是官僚勢力盤根錯節，研究往往受到行政干預，反而美國的大學決策明快，重視實際效益，敢於創新。

港大的背景和柏克萊不同，在港英殖民時期，它是當局培養「小英國人」的地方，也是香港公務員系統高層人才搖籃，熟悉英國的典章文物，執行力強。回歸之後，它仍然是港府行政精英的根據地，自有它的潛規則，往往以「程序主義」（Due Process of Law）之名，行官僚主義之實，保護某些既得利益者。

張翔延攬全球的諾貝爾精英，不僅要提升港大的學術排名，還要將港大的歷史地位推向一個新台階，凝聚創新的智慧，改變城市的面貌，提升城市競爭力。從柏克萊的電報街（Telegraph Avenue）到港大的薄扶林道，都可以看到一條秘密的感情臍帶，聯繫兩個校園的無限創意。

創新力是最厲害的生產力

創新力是最厲害的生產力。這是現代中國歷史的見證。如果沒有前仆後繼的創新力，中國近二十年的經濟發展就會陷入「中等收入陷阱」，在先進國家背後亦步亦趨，難以馳騁在新的賽道上。

在八九十年代間，中國的經濟發展還是大量依靠廉價勞動力，來料加工，在全球化的系統中，局限在價值鏈的低端部分，被西方譏諷為「要賣七億件襯衫，才可以換一架波音客機」。但中國的民企是創新的先鋒，不甘在權力的格局中擔任被動角色，要在科技研發上有所突破，要找到新的「範式轉移」。

華為從交換機的創新到 3G、4G 乃至 5G 的發展，匯聚數以十萬計科學家的努力，才可以壓倒諾基亞、愛立信、摩托羅拉等西方大企業，最後還可以單挑世界最強企業的蘋果，爭一日之長短。即便歷經很多政治打壓，從美國的官司到創辦人任正非的女兒孟晚舟被加拿大逮捕，都不能阻止華為崛起、躋身全球最有創意企業的先列。

比亞迪也是長期被看貶的企業，即便股神巴菲特曾經青睞，投資不少股權，但比亞迪也要經過很多風雨考驗，堅持創新，在電動車的賽道上不斷超車，成為二零二三年全球產量最大的車企，崛起速度之快，改寫了汽車發展的歷史。

但中國民企的創新除了得益於科技的研發，也在組織架構上不斷嘗試錯誤。華為的任正非花了近六億美元經費，邀請 IBM 的老師來改革華為的組織架構，全面學習美國企業的優點，告別中國企業的積弊；但華為也不是簡單的抄襲，而是擇優使用，甚至內部「競爭上崗」，不能只是論資排輩，而是要不斷終身學習，才可以擔任重要的角色。

比亞迪在中國競爭激烈的電動車賽道上先馳得點，也是因為內部的組織競爭力強大，將幾十萬的員工擰成一條繩子，具有強大的韌性，可以面對全球車企的挑戰。

民企的成功，也對國企帶來激勵的示範效應，讓過去被詬病生產力低下、冗員很多、裙帶關係嚴重的國企，都要如履薄冰，不斷創新。中國的高鐵就是典型例子，雖然開局就面對主管劉志軍被拉下馬的負面消

息，但在「以黨治黨」的精細化管理下，不斷茁壯成長，十幾年間開通了四萬多公里的高鐵版圖，冠絕全球。期間中國工程師攻克很多的技術難關，包括本來只能從德國採購的「盾構機」，價格數以千萬美元計，但卻被中國工程師破解，讓百分之百國產的盾構機出世，不但承擔國內隧道開採，還外銷國外，成為技術突破的奇蹟。

創新力的軌道，承載中國式現代化列車，走向史詩式的旅程，從「彎道超車」到「換道超車」，從紅海的廝殺到開拓新的藍海策略，另闢蹊徑，別有洞天，發現了新的願景，也發現了新的自己。

時間是最好的老師和證人

　　不打不相識。也許中日在核廢水排放問題上的激烈爭議，反而可以激發雙方民間對這問題的深入認識。由於目前的爭論都被高度政治化，卻沒有回歸科學層面，各說各話，甚至外延到很多歷史的恩怨情仇，串聯起一些刻板印象。但時間是最好的老師，也是最好的證人，可以見證事態的發展，究竟福島核廢水傾倒到太平洋是否禍福相倚，都要經得起時間的考驗。

　　日本民間的反應其實是重要的晴雨表。如今岸田政府的民意支持度已經跌到百分之二十六，創歷史新低，尤其日本漁民組織，作為「利益攸關方」，都非常反對日本政府傾倒核廢水的決策，認為無論科學論證如何，都損害漁民的利益。中國是全面封殺日本海產的國家，而韓國與周邊地區的民眾也都對日本附近水域的海產心裏「毛毛的」，勢將減少消費曾經最愛的生魚片。日本消費者對本土海產是否毫無戒心，還是減少購食，都是重要的觀察指標。

　　因為言論最浮誇，身體最誠實。日本和周邊地區的

民眾的消費，才是最佳的驗證。台灣民進黨前領袖謝長廷日前替岸田政府的決策緩頰說，微量的放射性的液體對身體有益處。結果網民譏諷他說，請他多喝幾杯。有些網民甚至提議，如果這些核廢水是那麼無害、甚至被包裝成「有益」，那麼日本應該將這一百三十萬噸的核廢水徹底「市場化」，成為罐裝水，像可口可樂那樣在全球販賣，就會好好賺一筆，何樂而不為？

這都說明民間的具體反應與抉擇，才是關鍵。至於那些節外生枝，扯到民族恩怨，就是扯淡，沒有相關性。其實 Nuclear 的中日漢字都是「核」，

也是中日文字情緣的「核心」，展示文化上的親切感。中日社會的爭議必須超越仇恨，以感性來呼喚理性，也以理性來規範不合文明的野性。

地緣政治的野性，也要接受時間的考驗。美國的反應看似支持日本，但其實美國人也是心裏害怕，因為專家早就指出，從太平洋的洋流來看，核廢水的殘餘物質可能是最先到達美國的海岸，對美國的環境保護與民生，都有很大的隱憂。但拜登政府為了「聯日制華」，才支持岸田政府。不過在明年總統大選之前，如果美國海岸查驗的水質出現核廢水的有害物質，就

會倒打拜登政府，引毒入室，禍水內流，肯定會輸掉大選。

韓國的尹錫悅總統也要面對類似的報應。若未來韓國海域水質被檢測到有害物質，那麼他不用等到任期屆滿就會被轟下台，還會被追究刑事責任，讓這位前檢察官一嘗鐵窗的滋味，難逃韓國總統沒有好下場的宿命。

這就是這次核廢水風暴的未來。對於相信科學和時間考驗的民眾來說，期盼理性駕馭野性，不怕當前的爭議，還會高喊：「讓暴風雨來得更猛烈些吧！」

他是權力荒原上的孤獨牛仔

在越戰的高潮，基辛格不斷尋求光榮結束這場曠日持久的海外戰爭。他接受意大利著名的記者法拉奇（Oriana Fallaci）的採訪，自喻是「孤獨的牛仔」，要面對來自各方的子彈，九死一生，最後才能完成任務。

這名政治牛仔贏得了「最後的微笑」。他活到一百歲，讓所有的同時代的人都妒忌。即便在他生命最後的一刻，他還在關心最新的時代挑戰，警惕人工智能被濫用的危機。

基辛格一生的最大成就，就是善用自己「刺蝟」式的理論，強調核子時代的「恐怖平衡」，發揮「狐狸」式的實踐，打開中美關係的窄門，在僅可斜着身子進去的門縫中，他看到世界和平的曙光。

基辛格的中國突破之旅最後解決了越戰的問題，並因此獲得了諾貝爾和平獎。他也化解了中國被蘇聯核子攻擊的危機，讓中國從政治教條的世界解放出來，最終加入了市場經濟的大家庭，躍升為世界第二大的

經濟體，成為美國供應鏈中不可或缺的一員。

　　他改變了中國，也改變了美國；他改變了中美關係，也改變了世界的秩序。

　　他的「刺蝟」式的理論，也是英國哲學家以撒‧柏林（Isiah Berlin）所說的大師級論述，解釋一切，展現理論的霸氣。基辛格治學重視宏觀的視野，又有歷史的縱深，緊扣時代的脈搏。他看到中美蘇都是核子大國，也是一個不等邊的三角形，中國是最小的一邊，但三角形的定律是：兩邊之和永遠大於第三邊。他在蘇聯通知美國準備向中國發動核子攻擊的外科手術式的攻擊時，毅然決定向中國告密。

　　但他不僅是學究的知識分子，而是具有狐狸式的狡黠，向媒體謊稱拉肚子在巴基斯坦休息，爭取三天的時間，移形換位，秘密訪華，為尼克遜總統訪問北京鋪路，讓全球轟動，改變了世界歷史的進程。

　　基辛格曾經說過，權力是終極的春藥。但他所指涉的不限於情色，而是權力的本質，在於制衡與節制，追求平衡的局面。他不被意識形態所糾纏，要衝破左派右派互鬥的網羅，爭取一個和平穩定的世界格局。

　　全球華人都對基辛格有特別的情愫，因為如果沒

有基辛格，中國很難走出馬列毛的教條怪圈，無法告別冷戰，也無法出現九十年代初的全球華人融冰的局面，台海兩岸人民不但無法團聚，連馬來西亞華人也可能難以自由馳騁在神州大地。

　　飲水思源，一九七一年基辛格的傳奇之旅，為九十年代全球華人的全球化之旅，埋下了伏筆。他的理論與實踐，融化了冷戰的冰塊，也擁抱了一個免於核戰恐懼的世界。

跋：中產階級改變兩岸和平未來

台海的和平未來，取決於兩岸中產階級的變化。因為中產階級是社會穩定的核心力量，酷愛和平，如果兩岸中產階級都在增加，都有越來越多深度的交流，台海就不會出現兵凶戰危的局面。

過去十年間，中國大陸的中產階級上升的速度冠絕全球，也是世界史上罕見的現象。這都因為中國的經濟結構出現質的變化，國企和民企如車子的兩個輪子，相輔相成，造就經濟增長速度最快的奇蹟，也造就了全球最大規模的中產階級，估計起碼高達四億人，超過美國的人口。

但中國中產階級的崛起，不僅是這個群體，而是中產階級意識的抬頭，認同一種重視生活品質的生活方式，重視知識改變命運的路徑，不再被意識形態的教條羈絆，而是要實事求是，但也不失去理想，既仰望星空，也腳踏實地，一步一腳印，不斷改變自己的氣質，最後也改變了國家的體質。

兩岸中產階級永遠是社會穩定的壓艙石，不會讓極端的思想成為主流，不希望兩岸打仗，重視摸索經濟創新的賽道，不甘於被保守的套路牽着鼻子走。

　　中國民間企業的動力大多是由中產階級所推動，既吸納草根的人才，又可以與全球資本連結，如字節跳動的張一鳴，普通家庭出身，南開大學畢業，卻開發短視頻的獨特算法，發展現在讓美國政府膽寒的TikTok，吸引了一億七千萬美國人成為活躍用户，超過美國人口的一半。

　　拼多多的創辦人黃崢，以更有性價比的商品在電商市場脱穎而出，不但改變了中國，還改變了西方的電商市場。拼多多的國際版本Temu躍升為美國和歐洲的電商前列，力壓亞馬遜。

　　畢業於香港科技大學的汪滔，普通人家背景，在大學時就發明無人機的技術，但在香港是英雄無用武之地，到了深圳卻可以大展拳腳，創辦大疆無人機公司，最後躍升為全球最大的無人機企業，改變了很多行業的版圖。

　　中國的創新力量，背後都有着中產階級意識的力量，感受普通人的脈搏，成就不普通的事業。

兩岸的和平，也和普通人的新世代連結有關。若有更多陸生來台灣，兩岸的和平就更有保障。台灣在馬英九時期，陸生來台學習多達三萬四千多人，普遍都對台灣還有好感，成為兩岸的重要橋樑，如今台灣的陸生只剩下兩千人，落差巨大。

　　台灣當局如果能夠落實兩岸教育交流，重現陸生來台的盛況，就可以化干戈為玉帛。只要台灣有更多的「知陸派」，中國大陸有更多的「知台派」，雙方自然融合，遠離戰爭，贏得和平。